영화/게임/
웹툰/애니메이션의
컨셉 아트를 위한

고아라 지음

로호의

배경 일러스트
메이킹

정보문화사
Information Publishing Group

고흐의
배경 일러스트 메이킹

초판 1쇄 발행 | 2019년 2월 10일
초판 6쇄 발행 | 2024년 8월 20일

지 은 이 | 고아라
발 행 인 | 이상만
발 행 처 | 정보문화사

책 임 편 집 | 노미라
기 획 진 행 | 네모기획
교 정 교 열 | 안종군
디 자 인 | 디자인뮤제

주   소 | 서울시 종로구 동승길 113 (정보빌딩)
전   화 | (02)3673-0037(편집부) / (02)3673-0114(代)
팩   스 | (02)3673-0260
등   록 | 1990년 2월 14일 제1-1013호
홈 페 이 지 | www.infopub.co.kr

I S B N | 978-89-5674-825-2

많은 사람이 그림을 그리기 위한 센스나 색감은 타고나야 하고, 정해진 방법이 없다고 말합니다. 무작정 노력해야만 한다는 생각에 양으로만 해결하려는 사람도 많고요. 물론 하늘을 바라보는 데 정도는 없습니다.

처음 공부하던 시절 가장 아쉬웠던 것은 정보의 부족이었습니다.

그림과 관련된 정보는 대부분 이론화되지 않은 채 도제식으로 이루어져 있거나 외국어로 되어 있어 접근하기 어려웠고, 현업에 종사하는 관계자분들을 만나지 않으면 알 수 없는 일들이 많았습니다. 특히 제가 취업 준비생일 당시에는 배경을 배울 만한 커리큘럼을 보유하고 있는 학교, 학원도 거의 없었습니다. 인터넷으로 해외 웹사이트를 돌아다니면서 눈으로 구경하고 수입 원서를 들여다보면서 모르는 외국어 사이에 있는 그림을 분석하며 공부했죠. 그 당시 현업에 종사하던 분께서는 "그림은 회사에 들어와서 배우는 것이다"라고 충고해주셨지만 회사에 들어가는 것 자체가 큰 관문인 학생들에겐 막연한 이야기입니다. 우여곡절 끝에 막상 회사에 들어가면 "사수를 잘 만나야 한다", "프로젝트를 잘 만나야 한다"라는 또 다른 막연한 이야기가 기다리고 있습니다.

먹고 살기 위해 필요한 좋은 직장 좋은 일을 얻으려면 그림을 더욱 잘 그려야 하고 그러기 위해서는 더 많은 시간을 공부에 투자해야 하지만 시간은 한정적이고, 그 시간을 아끼기 위해서는 더 한정된 돈을 들여야 하는 것이 요즘의 많은 분의 상황입니다. 대부분의 기회가 수도권에 집중된 현실에서는 지방에 계신 분 들이라면 더욱 어려운 입장이겠지요. 이 이야기에서는 저도 예외가 될 수 없습니다. 저 또한 계속 공부를 해야 하는 입장이기 때문이지요. 시중에는 더 많은 이론서가 나와야 합니다.

이 책은 아주 어려운 내용을 다루고 있지 않습니다. 확신 없이 무작정 시간을 허비하는 일을 조금이라도 줄이면서 실력을 키우고 싶으신 모든 분을 포함해 배경을 공부하고 싶은데 어떻게 해야 할지 모르거나 그림을 공부하기 위해 학원에 가고 싶지만 시간적, 경제적 어려움이 있는 분들, 수업 방식이나 강사의 스타일이 자기와 맞지 않아서 독학을 원하는 분들께 최소한의 가이드라인이 되길 바랍니다.

저에게 수업 자체는 익숙한 일이지만, 불특정다수의 학생을 대상으로 글을 쓰는 것은 생각보다 훨씬 어려운 일이었습니다. 원화가로서의 본업을 병행하며 집필만 하면 된다고 생각했는데 책을 쓰기 위한 공부까지 세 가지 일을 동시에 하는 기분이었죠. 사랑하는 어머니, 아버지, 남동생 고대한, 늘 뒤에서 응원해준 형주, 이혜윤, 달소수님, 리페님, 도라지님, 사키님, 페리님, 젠타님, 여니, 피코님, 느푸님, 은별님, 예찬님, 영경님, 마카이님, JUE님 그리고 늘 제 수업을 열심히 따라와 주는 프로픽 학원 수강생분들께 감사드립니다.

고아라

GALLERY

GALLERY

CONTENTS

PART 2
초보자를 위한
쉬운 구성

PART 4

색의 기초
– 빛과 그림자

PART 5
색과 질감

PART 6
실전 작업 과정

PART **8**
부록

P A R T   0 1

배경 일러스트를 그린다는 것은 한 장의 평면 안에 많은 정보를 시각화해 담는 것을 의미한다. 그리는 이는 보는 이가 자연스럽게 그 공간 속에 들어올 수 있도록 최선을 다해 세계를 표현해야 한다.

01

배경 일러스트의 시작

1

배경 일러스트의 이해

배경을 공부하기 전에 배경이 무엇인지, 어떤 영향력이 있는지, 어떤 분야에서 사용되는지, 어떤 능력이 필요한지에 대해 설명한다.

배경이란? STEP 01

배경은 공간을 채워넣는 것이다. 인물과 백지만으로 다양한 설정과 분위기를 표현하기는 어렵다. 일반적으로 가장 중심적으로 취급되는 것은 인물(캐릭터)이다. 하지만 이 인물들을 허공 속에 내버려두면 이야기가 성립할 수 없다.

보는 이의 몰입을 돕기 위해서는 그 콘텐츠 내 스토리텔링의 깊이만큼 다양한 종류의 배경 디자인이 필수적으로 제작돼야 한다. 학교에서 학생들이 공부하는 장면, 인물이 석양을 향해 달려나가는 장면, 신비로운 판타지 풍경 등 배경 없이 관람자에게 전달할 수 없는 정보는 극히 제한적이다. 게임, 애니메이션, 웹툰, 영화 등과 같이 공간이 존재하는 모든 시각 분야에는 반드시 배경이 필요하다. 또한 배경은 화면에서 가장 많은 영역을 차지하기 때문에 전체적인 분위기에 많은 영향을 미친다. 배경이 차지하는 면적이 많아질수록 배경의 중요성이 더욱 커진다.

배경 원화가의 활동 분야 STEP 02

공간이 존재하는 모든 비주얼 콘텐츠에는 배경이 필요하다. 공간 디자인을 위한 2D 작업을 하는 직업군을 '배경 원화가'라고 한다. 2D 디자인을 전문으로 하는 일이기 때문에 콘텐츠의 퀄리티와 제작 속도는 배경 원화가의 유무에 따라 크게 달라진다. 배경을 그리는 기술은 게임 원화, 웹툰, 출판 만화, 애니메이션, 영화, CF, 건축 등과 같은 여러 분야의 작업자에게 필수적으로 요구되는 능력이다. 특히, 게임과 애니메이션의 발달로 배경 원화만을 그리는 전문가들이 많이 필

요한 상황이며, 국내뿐 아니라 해외에서도 여러 명의 작가가 활동하고 있다. 영화나 애니메이션, 게임의 스텝 롤 중 Background Supervisor, Environment Concept Artist 카테고리를 보거나 배경 컨셉 아티스트 구인 구직 정보를 찾아보면 이를 쉽게 알 수 있다.

배경 원화가에게 필요한 능력 　　　　STEP 03

같은 문서를 보더라도 사람마다 이해도가 다르다. 따라서 배경 원화가는 이미지화해 전달하려는 내용을 동일하게 전달할 수 있어야 한다.

또한 작업자에게는 기획서 등과 같은 문서의 이해력, 이해한 문서를 중심으로 아이디어를 정리하기 위한 사전 지식과 상상력 그리고 그 아이디어를 이미지화해 이를 구체적으로 그려내기 위한 회화적 능력이 필요하다.

게임 산업 안에서의 배경 원화가의 직무를 큰 카테고리로 나눴을 때 무드, 프랍, 일러스트 등이 있다. 가장 많이 그리게 되는 것은 지면, 건물, 자연물들이다. 이를 위한 세부적인 디자인을 컨셉과 스케줄에 맞게 그리는 것이 중요하다. 프로젝트의 컨셉과 직무에 필요한 스킬, 숙련도가 요구되는 툴의 종류는 조금씩 달라진다.

이와 함께 달라지는 트렌드에 맞춰가면서 더 나은 그래픽 퀄리티를 만들어내기 위해서는 많은 학습량이 요구된다. 디자인, 발상, 색감, 공간감, 드로잉, 툴을 다루는 스킬, 프로젝트의 컨셉에 맞추기 위한 관찰력, 팀원들과 조화를 이루기 위한 커뮤니케이션 스킬, 자기 PR을 위한 개인작 등 일일이 나열하자면 끝이 없다.

이 모든 것을 하나하나 쌓아올리는 데 있어 가장 필요한 능력은 배경에 대한 끊임없는 관심과 더 나아지고자 하는 열정이다.

배경을 그리기 위한 연구 단계

그림을 그리는 단계는 보고, 생각하고, 그리는 3단계로 요약할 수 있다. 보는 것은 미적 감각을 키우는 것이고, 생각하는 것은 그림을 어떻게 그릴지 연구하는 것이며, 그리는 것은 기술적인 부분이다. 셋 중 하나만 부족해도 그림의 완성도가 떨어진다.

초보자들은 종종 주제의 단면만 갖고 작업을 시작하는 경우가 많다. 예를 들어, 막연히 집을 그리고 싶지만 집을 그리기 위한 정보인 거주자가 사는 시대의 기술력, 환경에서 가져오는 재료, 디자인으로 전달하는 거주자의 성격과 직업적 특성, 그리고자 하는 빛의 시간대, 구도 등을 생각하지 못하고 백지에서 의미 없는 선을 그리는 경우가 부지기수다. 디자인적인 감각은 연구 단계 없이는 키워나갈 수 없다. 아이디어는 어느 날 갑자기 나타나는 것이 아니며, 부족한 창의력을 스킬로 보완하는 것에도 한계가 있다. 늘 분명한 용도의 새로운 디자인을 제한된 스케줄내에 만들어내는 데 익숙해져야 한다. 여기서는 그림을 그리기 전, 연구 단계에서 안정적으로 높은 퀄리티의 결과를 만들기 위해서는 어떻게 생각하고 판단해야 하는지에 대해 다룬다. 또한 생각하고 판단하는 감각을 기르기 위한 공부법과 필요한 자료에 대해 간단하게 정리했다.

아이디어 정리의 시작 – 마인드맵 활용　STEP 01

마인드맵을 활용해 텍스트로 아이디어를 정리하는 것은 그림을 그리기 전 머릿속의 그림을 구체화하는 데 도움이 된다. 주제를 중앙에 위치시키고 키워드를 방사형으로 적어나간다. 어떠한 그림을 그리고 싶은지, 어떤 자료가 필요한지를 쉽게 파악할 수 있기 때문에 그림의 완성도에 많은 영향을 미친다.
마인드맵을 이용해 다음과 같이 생각을 정리한다.

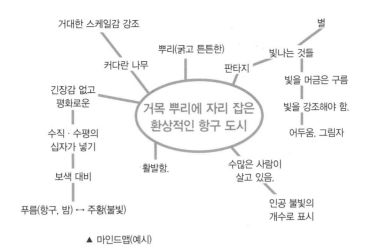

▲ 마인드맵(예시)

① **주제:** 거목의 뿌리에 자리 잡은 환상적인 항구 도시
② **전체적인 분위기:** 어두운 밤의 밝고 환상적인느낌
③ **시각적으로 그려야 하는 중요한 구성물들:** 환상적인 느낌(별, 빛나는 구름), 거대한 나무, 굵은 나무뿌리, 항구 도시(배와 등불들)
④ **구성물을 효과적으로 보여줄 수 있는 구도와 장치:** 거대함을 강조하기 위해서는 비교 대상을 넣어야 한다. 거대하다는 것은 상대적이기 때문에 비교 대상이 필요하다. 비교 대상은 인물이 제일 좋다. 보는 이도 사람이기 때문에 그림 속 스케일감에 쉽게 몰입된다. 작은 나비와 큰 나비 옆에 비교 대상으로 인간을 적용한다.

빛을 강조하기 위해서는 어둠이 있어야 하고, 별과 빛나는 구름을 강조하기 위해서는 배경을 밤으로 설정해야 한다.

도시 단위의 규모를 그리기 위해 한밤중에 모든 디테일을 그리는 것은 비효율이며, 이처럼 그리기 어려운 소재는 같은 아이디어가 들어 있는 영화나 게임의 컨셉 아트를 여러 개 모아 공통점을 추론해야 한다. 디스토피아 배경 작업물상의 수많은 차량은 이곳에 많은 인구가 있었다는 것을 암시한다. 창문이나 가로등, 자동차처럼 사람이 일상적으로 사용하는 인공물이 많을 경우, 인구의 규모를 시각화해 전달할 수 있다. 밤에 불을 한데 모아 사용하는 것은 인간뿐이기 때문에 다수의 불빛을 넣는 것이 좋다.

어떤 투시로 그릴 것인지도 여기서 결정해야 한다. 그림을 빨리 그리고 싶을 때는 1점 투시, 포인트가 되는 구성물이 가로로 길 때는

강의 노트

추상적인 느낌은 시각화할 수 있는 텍스트로 정리해야 한다(예 환상적인 느낌은 프리즘 컬러, 따뜻한 느낌은 노란색 꽃 추가, 고요한 분위기는 수평선 또는 수직선 강조).

▲ 구성물을 효과적으로 보여줄 수 있는 구도와 장치

2점 투시, 세로로 길며 공간감을 살리고 싶을 때는 3점 투시로 정한다.

⑤ **어울리는 색감**: 색감은 분위기가 정적인지, 동적인지에 따라 정적은 조화 색+명암 대비, 동적은 보색+한난 대비 강조로 나눌 수 있다. 항구의 활발한 느낌을 강조하기 위해서는 보색을 넣는 것이 좋다. 조화 색보다 채도가 높은 보색을 넣었을 때 그림의 분위기는 더욱 활력 있어 보인다.

가장 많은 면적을 차지하는 영역부터 배색을 하나씩 결정한다. 하늘의 면적이 넓기 때문에 남색을 기준으로 배색을 잡는다. 이 경우, 빛나는 구름과 등불을 그려야 하므로 기본색을 어둡게 잡는 것이 좋고, 바다까지 나오기 때문에 많은 부분에 푸른색을 넣는 것이 자연스럽다.

푸른색의 보색은 주황색이며, 주황색이 어울리는 장치로는 등불이 있다.

▲ 조화 색 예시

▲ 보색 예시

① **마인드맵을 기반으로 이미지 보드를 만든다.** 이미지 보드는 마인드맵에 정리된 텍스트를 적절한 이미지로 변경해 한눈에 볼 수 있도록 모두 채워넣는 것이다. 이미지 보드를 얼마나 빠르게 잘 만들어내는지가 아마추어와 프로를 구별하는 시작점이라고 볼 수 있다. 프로는 어떤 자료가 아이디어를 표현하는 데 효과적인지 잘 알고 있다. 프로는 많은 자료를 갖고 있기도 하지만, 종종 과거에 작업했던 주제와 비슷한 주제로 작업할 때가 많기 때문이다. 컨셉 아트에서 '숲', '던전', '마을'과 같은 컨셉이 대표적인 예시라고 할 수 있다. 필자 또한 많은 수의 숲과 던전을 그려왔다. 그리고 같은 주제의 이미지 보드를 다수 만들었다. 초보자는 하나의 주제로 그림을 그릴 때 많은 시간이 걸리기 때문에 이런 방식으로 이미지 보드를 만들다 보면 아이디어를 시각화해 표현하는 능력이 빠르게 길러진다. 자료를 찾으면서 보편적으로 이런 주제를 어떻게 표현했는지 알 수 있으며, 더 나은 그림을 그리는 것도 한결 수월해진다.

② **이미지 보드를 만들 경우, 작품의 무의식적인 모사(Copy)도 방지할 수 있다.** 작업자가 어떤 이미지의 어떤 부분을 참고하고 있는지 정확히 알고 있기 때문에 위험한 수준을 피할 수 있고, 마인드맵과 이미지 보드의 연구 단계를 통해 작업자가 가진 고유의 개성을 담을 수 있다. 이미지 보드의 참고 자료를 한두 장의 이미지

▲ 이미지 보드

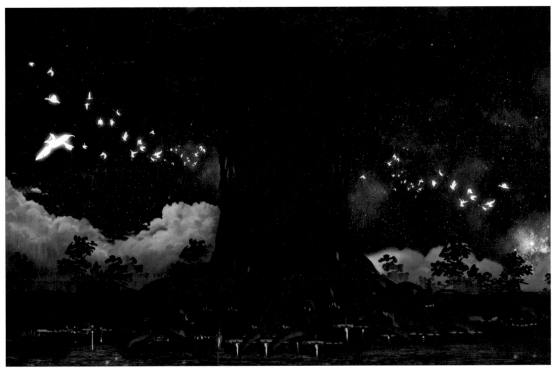

▲ 결과물

만 갖고 작업하면 해당 이미지의 영향을 크게 받을 수밖에 없기 때문에 여러 자료를 수집하는 것이 중요하다.

이때 마인드맵을 이용해 이미지 보드를 만들다 보면 같은 취향의 그림을 발견하게 되고, 비슷한 이미지만 반복적으로 추가하게 되므로 유사한 이미지들만 담지 않도록 해야 한다. 한 화면 안에 담을 수 없을 정도로 너무 많은 자료를 담게 되면 결과적으로 참고하고자 하는 자료를 찾을 수 없게 된다. 작업자의 모니터 크기를 넘어서지 않는 선에서 채우는 것이 좋다. 필자는 최소 15~30장을 권장한다.

③ 앞의 그림은 필자가 앞서 정리한 마인드맵을 토대로 만든 이미지 보드다. 마인드맵에 정리한 텍스트들을 기반으로 구성물들의 이미지, 색의 이미지, 비슷한 투시를 가진 이미지, 비슷한 공기 원근을 가진 이미지, 참고할 재질 이미지, 장식적 요소 이미지 등으로 정리했다.

아이디어를 위한 자료 정리 ▰▰▰▰▰ STEP 03

실무에서는 정해진 일정 내에 아이디어를 구체화해 타인에게 전달할 수 있는 작업물을 만들어내는 능력이 요구된다. 이러한 능력을 키우기 위해서는 발상과 표현력을 배양해야 하며, 그 시작은 정보 수집에서 비롯된다.

① 아이디어 발상 단계에는 다양한 정보와 자료의 힘이 크게 작용한다.

정보와 자료를 수시로 수집해 폴더별로 정리

해두자. 대부분의 프로 작가들도 자료를 수집하며, 그 양 또한 방대해 필요할 때마다 찾아보기 쉽도록 정리하고 관리한다. 필자 또한 자료 폴더 안에 배경/캐릭터/작가/작품 등과 같이 큰 카테고리로 분류해 작업을 진행하고 있다.

② 많은 사람이 즐겨 소비한 작품은 반드시 살펴봐야 한다.

대중적으로 소비되고 있는 이미지의 퀄리티는 항상 분석하고 있어야만 좋은 센스를 유지할 수 있다. 반지의 제왕(The Lord of the Rings), 왕좌의 게임(Game of Thrones)과 같은 콘텐츠가 좋은 예시다. 컨셉 아트북을 이용해 각 지역별 기후와 환경, 살고 있는 종족 그리고 그 종족의 사용하는 물건이나 거주의 특색을 어떻게 표현해놓았는지 연구한다. 비슷한 카테고리의 작품이라면 공통점을 찾아 정리해놓는 것이 추후에 컨셉을 연구할 때 도움이 된다.

- 반지의 제왕
  - 엘프: 종교적, 이상주의적, 깊은 숲속, 몽환적인 빛, 로마네스크 양식과 아르누보적 디테일이 혼합됨. 섬세하고 화려한 장식들
  - 호빗: 자연 친화적, 갈색과 녹색, 아이보리색의 의상과 땅굴 안의 목재 건축물, 실용적인 집기가 많음.
- 왕좌의 게임
  - 북쪽의 윈터펠: 추위에 견딜 수 있는 견고

▢ ★배경
▢ ★작가
▢ ★작품
▢ ★캐릭터
▢ ★컨셉 아트
▢ ★텍스처
▢ 2015
▢ 2016
▢ 2017
▢ 2018
▢ 문양
▢ 색감
▢ 시대별 분류
▢ 액세서리
▢ 흑백사진

한 석조의 건축물, 두꺼운 모피, 푸른색과 무채색 계열의 놋쇠 장식들

- 남쪽의 바에스도트락: 건조 기후의 마른 나무와 평지, 움막, 갈색의 장식들과 끈, 햇살을 가리기 위한 천들

이와 같은 것에 익숙해진다면 후일 바이킹을 소재로 컨셉을 만든다고 할 때 바이킹은 정복적 → 전투+항해를 잘함 → 0세기 → 청동기 → 나무, 철, 가죽, 둔탁한 석조물, 켈틱 문양으로 구성 → 드래곤 길들이기(드림웍스) → 바이킹스(칼립소미디어)→갈색, 푸른색, 흰색, 붉은색의 배색과 같은 연상이 가능해진다.

③ 배경 원화가라면 건물과 자연물을 주로 그리게 되기 때문에 자연과 시대, 그에 어울리는 건축 양식 정도는 늘 기억하고 있어야 한다.

다음 이미지처럼 환경의 요소는 기후와 물의 양으로 달라지는 식생(북부 지방의 침엽수와 아열대 지방의 열대우림, 사막 지대의 극단적으로 마른 가지나 둥근 선인장), 바위의 형태 등을 연구해 정리해놓는 것이 좋다.

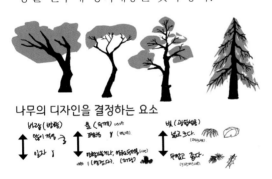

나무의 디자인을 결정하는 요소

④ 이 밖에도 다양한 디자인을 위해서는 늘 많은 콘텐츠를 가까이해야 하며, 자료를 습관적으로 정리하고 기록해두는 것이 좋다.

배경-건축물-유럽-고대/로마네스크/고딕/르네상스/바로크/근대/현대로 나눴을 때, 각 분류별 대표적인 건축물을 몇 개씩 정리해 넣어놓는 것이 좋다(고대-파르테논 신전, 고딕-노트르담 대성당, 근대-오르세 미술관 등). 그 안에서도 성과, 종교 건물, 일반 주거의 건물 정도는 정리해놓자. 게임 아트를 할 생각이라면 독일의 건축 역사를 중심으로 정리해놓은 후 각 나라의 유명한 건축물과 시기를 정리하는 것도 유용하다.

추천 서적 STEP 04

▲ 『식물의 본성』(존 도슨)

▲ 『건축, 알면 보인다』(캐롤 데이비드슨 크라고)

▲ 『한눈에 펼쳐보는 크로스섹션 시리즈』(리처드 클라슨)

▲ 『세계 문양의 역사』(오웬 존스)

배경을 공부할 때 알아두면 좋은 사이트들은 다음과 같다.

① Artstation(www.artstation.com)

　해외 컨셉 아트에 관련된 다양한 정보와 작가, 챌린지를 확인할 수 있다.

② WikiArt.org – Visual Art Encyclopedia(www.wikiart.org)

　시각 예술과 관련된 백과사전 같은 사이트다. 고대부터 현대까지 많은 작가의 작업물을 스타일,
연도, 작가명 등으로 검색할 수 있다.

③ Concept Art ORG(www.conceptart.org)

　컨셉 아트에 관련된 다양한 정보와 포럼을 확인할 수 있다.

④ PIXABAY(https://pixabay.com)

사진 저작권 프리 사이트다.

⑤ Creative Market(https://creativemarket.com)

매주 다른 소재를 무료로 제공한다. 필자는 텍스처를 구입할 때 종종 사용한다.

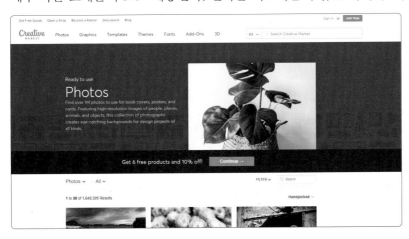

⑥ Book Depository(https://www.bookdepository.com)

해외 도서를 무료 배송으로 구입할 수 있다. 국내에는 컨셉 아트 도서가 정식 발매되지 않아 원서를 비싸게 구입해야 하는 경우가 많은데, 이 사이트를 이용하면 비용을 절약할 수 있다.

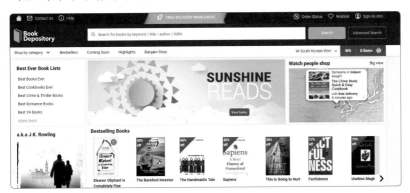

⑦ Textures(https://www.textures.com)

텍스처 자료를 구할 수 있다.

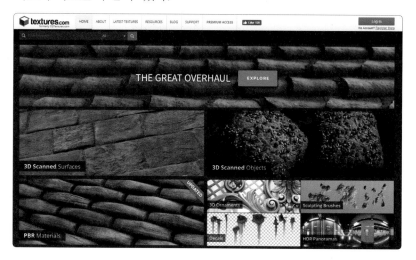

⑧ 라인아트(https://cafe.naver.com/larts)

국내 CG 정보를 공유하는 카페

⑨ PIXIV(www.pixiv.net)

일본 최대 CG 아트 커뮤니티다.

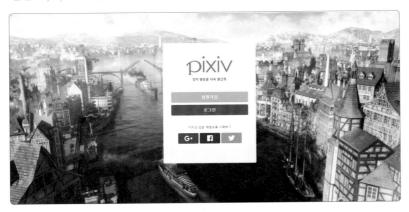

⑩ DEVIANART(www.deviantart.com)

북미권의 CG 아트 커뮤니티다.

⑪ Gamejob(http://www.gamejob.co.kr)

국내 게임 회사 구인 구직 사이트다.

드로잉의 기초

그림은 평면 위에 점, 선, 면을 이용한 착시로 입체를 만들어낸다. 점을 이으면 선, 선을 이으면 면이 된다. 이 책에서는 선의 단계에서부터 설명한다. 선의 특징을 이해하지 못하면 좋은 드로잉을 하기 어렵다. 선을 기반으로 입체를 만드는 요령을 알아보자.

잔선 쓰지 않기 ▐ `STEP 01`

모든 그림은 선에서 시작한다. 선으로 면과 형태를 만들어 평면 속에 입체를 보기 좋게 그려내야 한다. 그러나 경험이 부족한 초보자들은 대부분 선을 잘 사용하지 못한다. 강약을 잘 조절해 선을 한 번에 그려나가는 것이 중요한데, 초보자는 짧은 선을 이어가며 그림을 그리는 경향이 많다. 잔선으로 그림을 그리는 것이 습관화되면 수많은 선에 가려져 정확한 형태를 만들기 어려워진다. 이럴 경우, 많은 선 때문에 스케치의 디테일을 알아볼 수 없어 덩어리로 보이는 경우가 많다. 따라서 그 위에 또다시 스케치를 하게 되는 경우가 발생한다. 선을 잘 쓰지 못하면 작업 효율의 기초가 보존될 수 없다. 또한 작업의 수명을 생각한다면 손목의 피로를 신경 써야 하기 때문에 반드시 거쳐야 하는 단계다.

▲ 잔선을 이어 만든 선

▲ 강약을 조절해 한 번에 그린 선

컵을 그리는 예시를 들어보자. 왼쪽 컵은 잔선으로 그린 것이고, 오른쪽 컵은 최대한 적은 수의 선으로 그린 것이다. 왼쪽처럼 여러 번 끊어 선을 긋는 것보다 강약이 조절된 선으로 한 번에 그림을 그리면 빠른 속도로 안정감 있게 그릴 수 있다.

▲ 잔선과 단선으로 그린 컵

1_ 배경에서는 장선과 단선을 잘 사용해야 한다. 특히, 실내의 이미지는 직선으로 이뤄져 있기 때문에 투시에 맞게 그려나가야 배경을 안정감 있게 그릴 수 있다.

2_ 장선은 작업 화면 전체 또는 투시 선과 같이 작업 프레임 바깥까지도 뻗어나가는 선을 그을 때, 단선은 장선 사이의 디테일을 그려나갈 때 사용한다.

강의 노트 손목과 팔의 활용

손목으로 표현하는 선의 영역은 한계가 있어 비슷한 선만 그리기 쉽다. 하지만 팔꿈치부터 어깨의 축을 이용해 선을 긋는 방법을 익혀야 한다. 손목의 축을 이용하는 것보다 선을 사용하는 자유도가 크게 늘어나며, 단선을 포함해 장선까지 그리기 쉬워진다.

▲ 손목을 이용한 예

▲ 어깨의 축을 이용한 예

다음은 선 연습이다. 매일 한 번씩 한 달만 따라 그려도 선을 사용하는 것이 훨씬 수월해진다. 또한 배경의 그리드를 그리거나 소실점 방향으로 정확히 선을 긋는 데 도움이 되고, 원하는 형태를 빨리 그리는 데도 도움이 된다. 이때 이미지 크기는 작업을 할 때 사용하는 모니터를 가득 채울 만큼 잡고 배율을 확대시키지 않은 상태에서 작업해야 한다.

1_ 균일한 굵기와 너비를 가진 가로 선, 세로 선을 긋는 연습을 한다. 과거에는 수작업으로 8절지나 4절지 크기에 그리는 식으로 연습했지만, CG의 경우 툴을 사용해 필압을 고정시킬 수 있기 때문에 균일한 너비로 선을 긋는 것만 신경 써도 된다. 가로로 선을 그은 후엔 세로로 그어 그물망처럼 균일하고 촘촘하게 채워나간다.

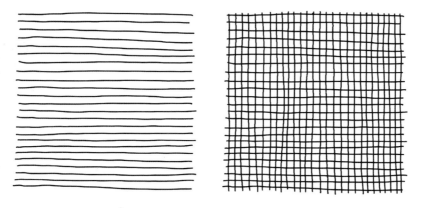

2_ 화면의 가장자리에 여러 개의 점을 찍어 반대쪽에 있는 점끼리 하나씩 한 번에 이어준다. 가로, 세로를 넘어 다양한 방향의 선을 조준해 긋는 연습을 한다.

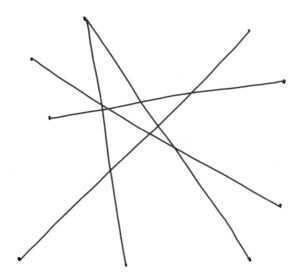

3_ 화면 가운데 한 점을 찍고 균일한 여백으로 선을 펼쳐가듯 그리는 연습을 한다.

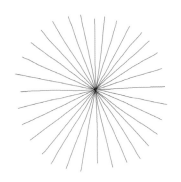

4_ 균일한 크기의 원과 도형을 그려나가는 것이다. 처음엔 상하 중앙에 안내선을 긋고, 중심과 위아래 끝을 맞춰 원을 그리기 시작한다.

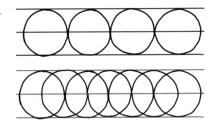

5_ 중심축에 맞춰 커지는 원, 여러 방향의 정사각형 박스 등 여러 가지 간단하고 작은 도형을 많이 그려본다.

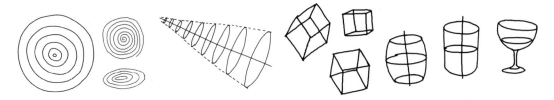

6_ 선과 도형에 익숙해졌다면 작고 간단한 소품부터 시작해 복잡한 형태를 가진 물체를 실루엣과 명암으로 요약해가면서 그려본다.

선의 강약을 조절함으로써 입체를 살리는 법을 알고 작업에 들어가면 몇 번의 터치만으로도 쉽게 완
성도 있는 스케치를 그릴 수 있다.

|1| 곡선

오른쪽 그림처럼 안쪽으로 꺾이거나 바깥으로 튀어나가는 선의 굵기를
얇게 하면 상대적으로 선의 굵기를 조절한 부분이 더 꺾이거나 튀어나
와 보인다.

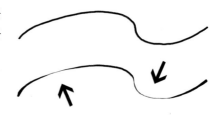

|2| 원(라인)

원에서 곡선의 강약을 조절해 입체가 어떻게 표현되는지 관찰해보자.

1_ 이 원은 위에서 본 컵의 입구와 같다. 정면의
원은 선의 강약을 조절할 필요가 없다.

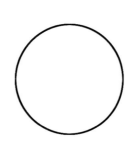

2_ 하지만 컵을 기울여 타원을 그리는 경우는 다르다. 오른쪽은 선의 강약을
조절하지 않은 타원이다.

3_ 타원 양쪽의 튀어나가 있는 선을 얇게 깎아줬다. 양옆으로 볼록한 느낌
이 생겼다.

4_ 화면의 아래쪽에 있는 선은 굵게, 뒤에 있는
선은 얇게 한다. 굵은 선은 앞으로 돌출돼
보이고, 얇은 선은 뒤로 들어가 보인다. 선
의 강약을 조절해 원의 앞뒤가 구분돼 입체
감이 생겼다.

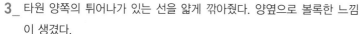

|3| 직선

입체감이 없는 평면의 직선을 그릴 경우에는 강약을 조절할 필요가 없다. 하지만 얇은 직선과 굵은 직선을 조합하면 면의 원근과 무게를 만들어낼 수 있다.

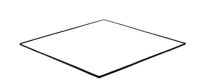

|4| 정육면체

정육면체에서 직선의 강약을 조절해 입체가 어떻게 표현되는지 관찰해보자.

1_ 왼쪽은 선의 강약을 조절하지 않은 정육면체다. 모든 선이 같은 굵기를 갖고 있다.

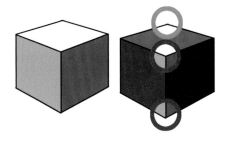

2_ 윗면의 선을 얇게 조절한다. 무게감을 표현할 때 얇은 선은 가벼워 보이게 해준다. 이 선을 다른 선들의 상대적 두께감의 기준으로 잡는다. 화면에서 가장 가까운 모서리는 그림자가 지는 쪽으로 안쪽을 조금 채워 선들이 닿아 있는 부분을 두껍게 만든다. 모서리의 뾰족한 느낌이 더 살아난다.

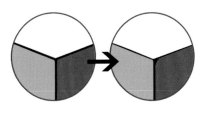

3_ 아랫면의 바닥과 맞닿아 있는 선의 굵기를 늘려준다. 선을 굵게 하면 무게감이 강조돼 착시를 만들기 때문에 바닥면과 닿는 물체의 선은 2의 선보다 두껍게 하는 것이 좋다. 선과 선이 겹쳐져 V자로 뾰족한 부분의 끝도 깎아 둥글게 다듬어준다. 선은 본래 평면에서 물체를 입체로 표현하기 위한 가상의 개념인데, 선과 선이 겹친 부분을 지워 날카로워진 부분은 부자연스럽다. 무기와 같은 특별히 날카로운 소재가 아니라면 끝을 둥글게 정리하는 것이 자연스럽다.

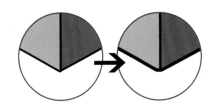

4_ 정육면체에서 가장 멀리 보이는 부분이다. 원근을 표현할 때 얇은 선은 멀어 보인다. 반드시 2의 선보다 얇게 정리해줘야 한다.

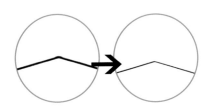

5_ 오른쪽 박스가 선 정리를 끝낸 것이다. 왼쪽의 정육면체보다 더 입체적으로 보인다.

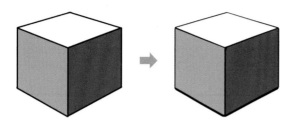 

|5| 책더미 그리기

간단한 오브젝트를 그려 스케치에서 선의 강약을 넣는 방법을 재확인해보자.

1_ 디테일을 넣기 전 네모 상자로 대략적인 책의 형태를 그려봤다.

2_ 앞에서 설명한 선의 강약으로 입체감을 만드는 법을 적용해 디테일을 넣어봤다.
마지막으로 가까이에 큰 책더미와 그다음에 있는 작은 책더미 사이의 경계선을 진하게 해줘 공간감을 강조했다. 2개의 물체가 겹쳐 있을 때 그 사이의 경계선을 두껍게 하면 평면에서 가까이 있는 것과 멀리 있는 것의 공간이 분리된 느낌을 준다.

BACKGROUND IMAGE
SUMMARY
한 줄 요약

① 곡선일 경우, 선의 굵기를 조절해 형태를 입체적으로 표현할 수 있다.
② 선을 얇게 하면 가볍거나 멀어 보인다.
③ 선을 굵게 하면 가까워 보이거나 무거워 보인다.
④ 물체에서 화면 가장 가까이 있는 부분 중 그림자가 지는 면의 안쪽으로 선을 진하게 채우면 더 가까워 보인다.
⑤ 선과 선이 겹쳐 날카로운 V 모양의 끝부분들은 둥글게 깎아 표현하는 것이 더 자연스럽다.
⑥ 겹친 물건들의 경계선을 진하게 표시할 경우, 앞뒤가 구분돼 공간감이 살아난다.

|6| 실전 예시 그림 1

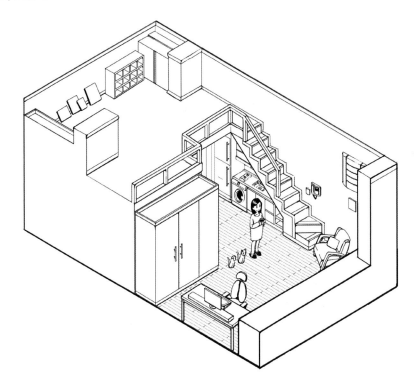

1_ 액자: 바닥에 닿아 있는 선을 굵게 해 무게감을 강조했다.

2_ 난간 프레임: 물체 화면 가장 가까이에 있는 모서리진 부분을 그림자가 지는 쪽으로 채웠다.

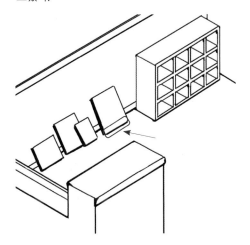

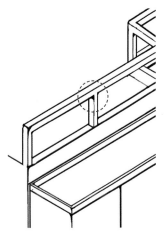

3_ 공간 분리 1: 위층과 아래층의 경계선을 두껍게 해 분리시키고, 뒤쪽으로 들어가는 부엌 안쪽 영역의 선을 얇게 처리해 멀어 보이게 했다.

4_ 공간 분리 2: 가까이 있는 벽의 선을 진하게 해 앞뒤의 거리감을 강조했다.

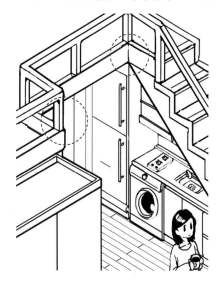

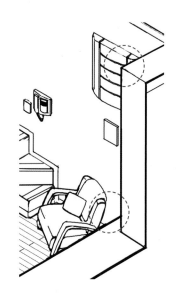

|7| 실전 예시 그림 2

다음은 선의 강약을 조절하지 않은 스케치와 선의 강약을 조절해 입체감을 만든 후 색을 입혀 완성한 작업 예시다.

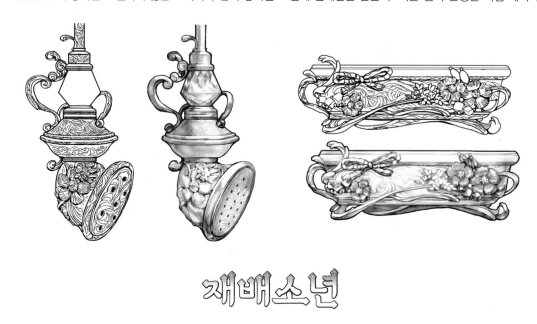

재배소년

공간을 면으로 표현하는 경우, 단면을 한 가지 색으로 남겨두지 않고 사이사이에 밝은 빛을 넣어 명암을 교차시킨다. 공간의 상하 또는 앞뒤의 폭을 크게 묘사할 경우에는 반드시 넣는 것이 좋다.

|1| 공기 원근법

지구를 둘러싸고 있는 공기의 입자를 사용한 공기 원근법을 사용한다. 이 방법을 참고해 면을 칠할 때 명암을 교차시키면 전보다 훨씬 입체 적으로 보인다.

1_ 공기의 밀도는 멀어질수록 밀도가 증가해 면을 흐려 보이게 만든다.

2_ 공기의 밀도는 지면에 가까워질수록 밀도가 증가해 명암을 흐려 보이게 만든다.

3_ 안개가 자욱한 새벽의 풍경 중 산과 산 사이, 언덕과 언덕 사이 그리고 상하의 높이가 큰 물체의 윗면 명도와 아랫 면 명도를 살펴보면, 명암의 차이로 자연 속에서 거리감을 어떻게 표현하는지 관찰할 수 있다.

멀어질수록 시야에 보이는
공기 중의 입자가 적어진다.

가까워질수록 시야에 보이는
공기 중의 입자가 많아진다.

|2| 적용 예시 1

1_ 오른쪽은 흑백의 면들을 겹쳐놓은 이미지다. 공기의 색을 흰색으로 가정했기 때문에 뒤로 갈수록 점차 밝은 회색톤이다. 공기의 색은 다른 색으로 바꿀 수도 있다. 황사가 낀 공기의 색은 노랗다.

2_ 면과 면 사이에 겹치는 부분에 공기의 색을 넣어 모든 면의 상→하를 어두움→밝음/앞→뒤를 어두움→밝음 명암의 교차를 만들었다. 면과 면 사이의 공기 겹침으로 공간감이 느껴진다. 이때 주의할 점은 어두움→밝음으로 바뀌는 명도 차이가 강하게 들어가면 부자연스러우므로 은은하게 풀어내듯 그리는 것이 좋다는 것이다. 또한 뒤로 갈수록 앞보다 명암 대비를 약하게 처리해 명도로 정리된 물체의 공간감을 해치지 않아야 한다.

3_ 위 방법을 적용해 간단한 풍경을 그린 예시다.

|3| 적용 예시 2

1_ 간단한 예시를 들기 위해 앞에서 그린 책더미를 가져
왔다. 상하의 공기 원근을 약하게 표현하기 위해 책
의 커버에 상하 명암의 차이를 입혔다.

2_ 두 책더미 사이에 공기의 색을 추가했다. 비슷한 명
도로 붙어 있는 것 같던 책과 책 사이의 공간감이 강
조됐다. 이때 선과 면 사이에 공기 원근을 넣어서는
안 된다. 선은 입체를 만들기 위한 면의 하위 개념이
기 때문에 공기 원근을 넣을 경우, 선을 포함해 적용
해야 한다.

공기

효율적인 디자인

초보자는 그림을 그릴 때 무의식적으로 비슷한 선, 모양, 패턴을 사용해 불명확한 형태의 그림을 그리
기 쉽다. 그러나 사진 이미지나 보이는 것을 모사하게 되는 수준을 넘어 자신만의 그림을 그리고 싶
다면 그림 안의 큰 선과 도형을 패턴으로 요약해 효율적으로 디자인할 줄 알아야 한다.

|1| 패턴

1_ 오른쪽은 두꺼운 일자의 선이 세로로 나열된 패턴
이다.

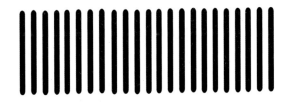

2_ 이 패턴 위에 같은 굵기의 선들을 추가했다. 추가된 또 다른 '선'은 보이지 않고, 해당 위치의 선이 두꺼워진 것처럼 보인다. '선을 추가했다'는 의도가 불명확해 보인다.

3_ 이번엔 같은 두께의 선들을 가로로 배치했다. '선을 추가했다'는 것이 분명히 보인다.

4_ 굵기와 길이, 방향을 각기 바꿔 배치했다. 각자 다양한 모양으로 서로의 형태가 혼동되지 않고, 두껍고 얇고 크고 작고의 고유한 디자인이 잘 보여 풍성한 느낌이 됐다.

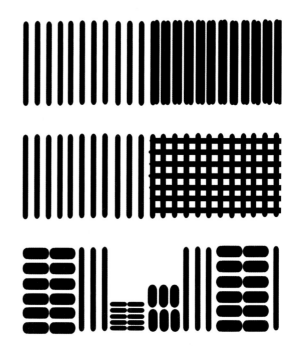

|2| 적용 예시 1(책)

1_ 다음 예시를 통해 앞의 설명을 더 잘 이해해보자. 앞서 그렸던 책더미다. 필자는 오른쪽 책갈피를 그릴 때 여러 개의 가로 선으로 디테일이 표현된 책의 옆면에 바닥으로 길게 삐져나온 책갈피들을 추가했다.

2_ 만약, 다음 그림처럼 '책의 옆면과 같이 가로로 긴' 책갈피를 그렸다면, 그 주변에 그려진 책의 옆면과 잘 구분되지 않아 형태가 불명확해 보인다.

3_ 책의 가로 선과 다른 방향으로 길게 뻗어 있는 디자인의 책갈피를 넣었다. 형태가 혼동되지 않고 디자인이 좀 더 선명해 보인다.

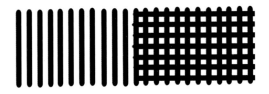

|3| 적용 예시 2(절벽)

1_ 다른 스케치를 통해 한 번 더 확인해보자. 캐주얼한 컨셉의 작은 집이 올려져 있다. 이 그림의 절벽 디테일은 아직 그리지 않았다. 절벽 위에는 바닥을 향하는 세로로 긴 넝쿨들이 장식돼 있다.

2_ 넝쿨 없이 풀로만 꾸며진 절벽이라면 세로 선으로 디테일이 들어간 절벽을 그리는 것도 괜찮았을 것이다. 하지만 이미 바닥으로 처진 넝쿨로 장식된 부분이기 때문에 세로 형태의 디테일을 넣으면 오른쪽 그림처럼 넝쿨과 절벽의 디테일을 구분하기가 쉽지 않다. 이 단계에서 채색하면 절벽과 넝쿨 둘 다 형태가 한덩어리처럼 보이기 쉬워 그림의 퀄리티를 높이기 어렵다.

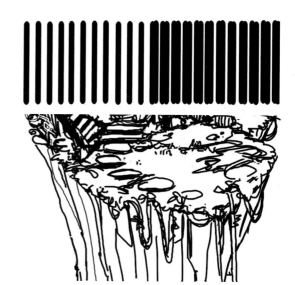

3_ 절벽의 디테일을 가로 선을 위주로 구성한 후 군데군데 작은 풀을 넣었다. 넝쿨과 구분되면서 풍성한 느낌이 든다. 앞의 그림처럼 비슷한 패턴이 교차될 경우, 그리는 사람의 실력이 좋지 않다면 형태가 명확하게 전달되기 어렵기 때문에 오른쪽 이미지처럼 다른 패턴으로 꾸미는 것이 완성도를 쉽게 높일 수 있는 방법이다.

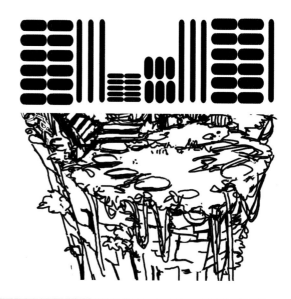

강의 노트

패턴을 관찰하는 게 어렵다면 재밌어 보이는 선이 명확한 물건을 찾는 것부터 시작한다.

4_ 절벽 위에 다른 패턴의 구름다리를 올린 완성 스케치다.

강의 노트

마음에 드는 이미지가 있다면 반드시 그 이미지의 패턴을 분석하는 시간을 가진다. 디자인적 센스를 다듬는 데 도움이 된다.

|4| 적용 예시 3(공간)

1_ 사각형의 창틀과 사각의 테이블 위에 원형의 조명과 접시를 올려 형태가 혼동되지 않게 한 그림이다.

2_ 오브젝트의 구성을 도형으로 살펴보면 가장자리 부분은 직선과 네모, 가운뎃 부분은 구형의 디자인으로 꾸며진 것을 관찰할 수 있다.

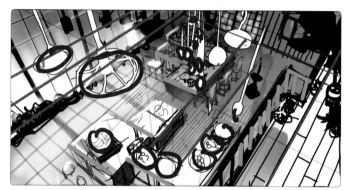

|5| 적용 예시 4(작은 소품에서 큰 성까지)

이와 같은 패턴은 실루엣과 실루엣의 특징적인 선 또는 재질로 다양화할 수 있다.

1_ 책더미의 패턴 활용법: 책갈피의 방향, 책등의 장식, 경첩 개수, 사용된 끈의 모양 등으로 다양화했다.

2_ 간단한 소품은 실루엣과 큰 장식이 될 특징적인 도형 한두 개만으로 패턴이 겹치지 않게 추가함으로써 여러 디자인을 만든다.

3_ 집과 같은 복잡한 형태의 구성물들도 가장 긴 선(지붕과 패널 라인), 특징적인 장식(문, 창문, 굴뚝, 지붕의 실루엣)을 도형으로 분석한 후에 다양화하면 베리에이션을 늘릴 수 있다.

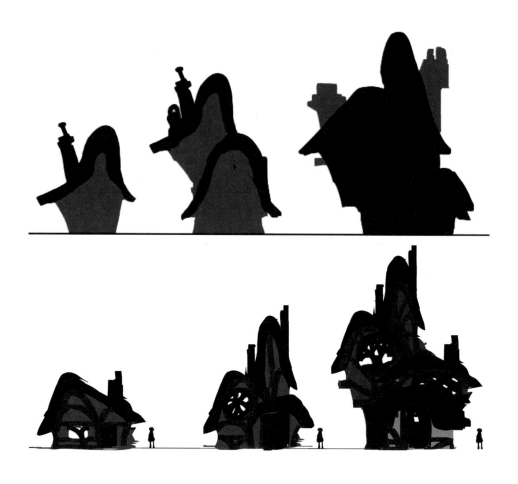

4_ 성과 같이 스케일이 큰 작업을 할 때도 이와 같은 방법을 적용한다.

컨셉의 등신대가 줄어들수록 직선을 뒤틀고, 캐릭터가 사용하는 것들(의자, 문, 손잡이)은 캐릭터가 사용할 수 있는 것들처럼 보이게 해야 한다. 등신대가 줄어들수록 곡선을 사용해 형태를 과장하는 것이 좋다.

4 도구의 활용

자기에게 어떤 도구가 맞는지는 사용해보기 전까지는 모른다. 여러 도구를 사용해보면서 작업 효율을 높이는 것이 좋다. 자기와 맞지 않는 도구를 사용하면 효율이 좋지 않을 뿐 아니라 손, 눈, 허리 등의 건강을 해치게 된다.

수작업 도구   STEP 01

① **드로잉북과 펜:** 종이와 연필, 펜은 오래전부터 작가의 주요 도구로 사용돼왔다. 아직도 많은 작가가 수작업만이 갖고 있는 고유한 느낌과 감성을 바탕으로 작업하고 있고, 앞으로도 그럴 것이다. 필자는 모든 작업을 CG로 대체하고 있지만, 아이디어의 정리와 함께 일상적으로 공부하는 습관을 유지하기 위해 지금도 드로잉북과 몇 가지 펜을 사용 중이다.

▲ 필자의 데일리 드로잉 1

▲ 필자의 데일리 드로잉 2

② 몇 년 전까지는 CG에 익숙하지 않아 라이트박스 위에 얇은 종이를 올려 스케치를 한 후 그 종이를 스캔하고 컴퓨터에 넣어 포토샵에서 채색하는 방식으로 작업해왔다. 다음은 종이에 연

▲ 드로잉북

▲ 펜

필로 스케치한 것을 스캔해 포토샵으로 페인팅한 것이다.

▲ 종이에 연필로 스케치한 것을 스캔해 포토샵으로 페인팅한 작업

③ **라이트박스:** 수작업 시 라이트박스를 사용하면 그림을 잘 못 그리더라도 그림 위에 새 종이를 올린 후 박스의 라이트를 켜면 아래 종이의 그림이 잘 보여 쉽게 다시 덧그릴 수 있다.

▲ 일진 LED BB 라이트박스

④ **스캐너:** 종이를 스캔해 컴퓨터에 넣는 데 도움을 준다.

▲ 스캐너(Epson Perfection V370)

강의 노트

드로잉을 습관화하는 것은 드로잉 능력과 감성을 키우는 데 도움이 된다.

CG 작업에는 여러 도구와 프로그램이 필요하지만, 그중 가장 중요한 것은 태블릿과 모니터다. 태블릿은 대중적으로 'Wacom Intuos 시리즈'의 수요가 가장 높지만, 배경 작업을 하는 사람이 이 태블릿을 사용하면 그림 전체를 확인할 디스플레이 공간이 부족하기 때문에 모니터를 하나 더 구입해 듀얼 모니터로 사용하는 걸 추천한다. 필자는 액정이 포함된 태블릿인 'Wacom Cintiq 16Pro'를 사용 중이다.

▲ Wacom Intuos

|1| 포토샵(http://www.adobe.com/kr)

어도비 시스템스에서 개발한 그래픽 소프트웨어다. 가장 대중적으로 사용되고 있는 툴이며, 필자를 포함해 대부분의 회사와 전문가들은 이 프로그램을 사용하고 있다. 스케치나 채색은 다른 툴을 사용해 작업하는 경우도 있지만, 포토샵을 대체할 만한 편집과 보정 툴은 아직까지 없기 때문에 CG로 작업한다면 필수적으로 사용법을 익혀야 하는 프로그램이다. 필자는 현재 시작부터 마무리까지 포토샵을 사용하기 때문에 이 책의 모든 작업 과정은 포토샵으로 안내된다.

|2| 클립 스튜디오(http://www.clipstudio.net/kr)

CELSYS에서 개발한 그래픽 소프트웨어다. 클립 스튜디오 안에는 편리한 툴과 유저들이 자체적으로 만든 소스들이 많다. 포토샵보다 선 작업이 매끄럽기 때문에 필자도 선화를 위주로 하는 그림을 그릴 때 자주 사용한다.

강의 노트

그 외 작업자의 스타일이나 프로젝트의 타입에 따라 필요한 툴들

     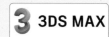

이 책에서는 Adobe Photoshop CC 2018의 Painting Mode를 기준으로 필자가 자주 사용하는
포토샵의 기능들을 설명한다.

|1| 기본 메뉴

포토샵의 모든 기능을 카테고리화한 기본 메뉴다.

① File: 파일을 새로 만들고, 닫고, 저장할 수 있다.

② Edit: 작업 내역과 브러시, 도구의 단축키 그리고 포토샵 세팅의 환경 설정을 조절할 수 있다.

③ Image: RGB나 CMYK, 회색 음영과 같은 컬러 모드와 이미지 또는 캔버스의 크기, 자르기, 회전 등 직접적인 작업 화
면과 관련된 기능이 있다.

④ Layer: 이미지 위에 올라가는 레이어들의 추가와 삭제, 병합, 클리핑 마스크 등의 기능을 사용할 수 있다.

⑤ Type: 이미지 위에 올라가는 한글 또는 영문의 텍스트 작업을 가능하게 해준다.

⑥ Select: 선택 툴을 이용해 영역을 선택하거나, 여러 가지 효과를 적용하거나, 저장, 불러오기 등과 같은 작업을 할 때
사용한다.

⑦ Filter: 포토샵 내부의 여러 가지 필터를 사용할 수 있다. 주로 렌더, 픽셀 유동화, 선명 효과, 흐림 효과 등을 줄 때 사용한다.

⑧ 3D: 포토샵 안에서 사용할 수 있는 3D 기능의 메뉴다.

⑨ View: 화면의 확대와 축소, 인쇄 미리 보기, 자와 같은 항목을 사용할 수 있다.

⑩ Window: 기본 메뉴 외에 항상 띄워놓기 위한 여러 창을 선택해 불러올 수 있다.

⑪ Help: 도움말에 관련된 항목이다. 계정 관리와 업데이트가 가능하다.

|2| 도구

이동(V): 그림을 선택해 이동하게 한다.

올가미 선택(L): 영역을 곡선 또는 다각으로 선택할 수 있다.

잘라내기(C): 그림을 원하는 크기로 잘라내도록 해준다.

브러시(B): 기본적인 페인팅을 도와주는 툴이다.

색상 대체 툴(B): 선택된 색상을 새 색상으로 대체하게 해준다.

복제 도장 툴(S): 선택한 영역을 샘플을 복사-붙여넣기하듯, 지정한 영역을 페인팅하게 해준다.

지우개(E): 드래그한 영역을 지워준다.

흐림 효과: 드래그한 영역을 흐리게 해준다.

스폰지(O): 선택한 영역의 채도를 높거나 낮게 해준다.

펜(P): 선택점을 이어나가 매끄러운 선을 그리게 해준다.

모양(U): 특정한 모양 레이어로 모양이나 선을 만들어낸다.

기타: 기타 도구들이 모여 있는 툴이다.

영역 선택(M): 영역을 사각형 또는 원형으로 선택한다(Shift를 누르고 사용하면 정사각형 또는 정원을 만들 수 있다).

빠른 선택 도구(W): 이미지 안에 유사한 색을 빠르게 선택해 그 영역만 페인팅할 수 있게 해준다.

스포이트(I): 스포이트 도구를 클릭한 후 이미지 위의 특정 색을 클릭하면 해당 색이 현재 칠해지는 전경색으로 선택된다.

연필 툴(B): 페인팅을 픽셀 단위로 도와주는 툴이다.

혼합 브러시 툴: 작업 화면의 혼합 또는 젖은 정도에 변화를 줘 좀 더 사실적인 페인팅을 할 수 있게 해준다.

작업 내역: 브러시 선택한 상태나 스냅숏을 사용해 여러 페인팅 스타일을 시뮬레이션함으로써 스타일화된 페인팅을 할 수 있게 해준다.

페인트통(G): 지정한 영역 또는 유사한 색상 영역을 전경색으로 칠하게 해준다.

손가락: 그림을 문지르는 듯한 효과를 만들어낸다.

수평 문자(T): 이미지에 문자를 입력할 수 있다.

패스 선택(A): 점을 지정해 기준점 또는 방향점을 이용해 모양이나 선택 영역을 만들어낸다.

손(H): 손바닥 모양의 툴을 이용해 이미지 안에서 화면 이동을 도와준다.

전경색과 바탕색: 흰색 바탕에 검은색이 칠해지도록 설정돼 있다. 위쪽의 화살표를 클릭하면 반대로 설정할 수 있다.

|3| 레이어

페인팅을 위해 새 창을 만들었을 때 사용하는 레이어들을 편집할 수 있게 해주는 창이다.

① **필터 기준 패널**: 선택 창 레이어의 블렌딩 모드를 설정할 수 있다.

② **투명도 조절 패널**: 선택한 레이어의 투명도를 설정할 수 있다.

③ **투명 영역 잠금 패널**: 레이어 투명 영역에 잠금을 걸 수 있다.

④ **레이어 잠금 패널**: 레이어에 잠금을 걸 수 있다.

⑤ **바탕 레이어 패널**: 현재 선택한 레이어의 위치를 확인할 수 있다. 눈 모양을 클릭하면 레이어를 끄거나 켤 수 있다.

⑥ **레이어 스타일 패널**: 선택한 레이어의 불투명 영역에 효과를 추가할 수 있다.

⑦ **조절 레이어 패널**: 전체 레이어에 레벨, 명도, 채도 보정 또는 포토 필터 효과를 적용할 수 있다.

⑧ **레이어 만들기 패널**: 신규 레이어를 추가할 수 있다. 새로 추가된 레이어는 투명한 레이어로 생성된다.

⑨ **삭제**: 선택한 레이어를 삭제할 수 있다.

|4| 브러시 메뉴

가장 자주 사용하는 도구로, 연필, 붓 등으로 직접 페인팅할 수 있게 해주는 도구다.

① **브러시 크기 선택 패널**: 브러시의 크기를 조절할 수 있다.

② **브러시 모드 선택 패널**: 브러시의 여러 가지 효과를 낼 수 있는 블렌딩 모드를 선택할 수 있다.

③ **투명도 값 조절 패널**: 브러시의 투명도 값을 조절할 수 있다.

④ **흐름 조절 패널**: 브러시의 흐름 값을 조절할 수 있다.

|4-1| 브러시 상세 설정 1

작업 영역에서 마우스 설정을 브러시로 바꾼 후 마우스 오른쪽 버튼을 클릭하면 브러시의 상세 설정을 빠르게 조절할 수 있다.

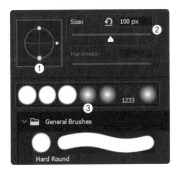

① **브러시 각도 패널**: 사용 중인 브러시 모양의 각도를 조절할 수 있게 해준다.

② **브러시 크기 조절 패널**: 사용 중인 브러시의 크기를 조절할 수 있게 해준다.

③ **브러시 사용 순서 패널**: 가장 최근에 사용한 브러시를 순서대로 나열해준다.

|4-2| 브러시 상세 설정 2

브러시의 투명도나 경도, 흐름의 설정은 그림을 이용해 예시를 들어
보겠다. 브러시 설정은 개인 취향에 따라 천차만별이고 어떻게 그릴
지에 따라 그때그때 여러 방향으로 수정해 사용하기 때문에 브러시
설정에 정론은 없지만, 특징은 알아둬야 한다.

① **기본 브러시**: 투명도 100%, 경도 100%, 흐름 100%
② **경도 50%**: 경계면의 우툴두툴함이 줄어들었다.
③ **투명도 50%**: 반투명하게 페인팅된다.
④ **흐름 50%**: 경계면을 포함해 색이 좀 더 부드럽게 입혀진다.

> **강의 노트 브러시 창에는 없지만 브러시처럼 사용하는 툴**
>
> 필자는 도구 바의 손가락 툴 ▨ 을 사용하는 혼합법을 자주 쓴다.
> 텍스처가 적용된 브러시로 혼합할 수도 있다. 다음 그림은 기본 브
> 러시를 이용해 손가락 툴을 적용한 것이다.

|5| 단축키

작업 속도 향상을 위해 반드시 외워야하는 단축키는 다음과 같다.

- 새창 열기: `Ctrl`+`N`
- 취소: `Esc`
- 실행 한 단계 앞으로: `Ctrl`+`Alt`+`Z`
- 전체 선택 해제: `Ctrl`+`D`
- 자유 변형: `Ctrl`+`T`
- 새 레이어: `Shift`+`Ctrl`+`N`
- 클리핑 마스크: `Alt`+`Ctrl`+`G`
- 위로 레이어 이동: `Ctrl`+`]`
- 작업 영역 보기 축소: `Ctrl`+`-`
- 눈금자 표시: `Ctrl`+`R`
- 브러시 크기 확대: `]`

- 파일 열기: `Ctrl`+`O`
- 실행 취소/다시 실행: `Ctrl`+`Z`
- 전체 선택: `Ctrl`+`A`
- 복사하기: `Ctrl`+`C`
- 전경색 채우기: `Alt`+`Delete`
- 레이어 복사: `Ctrl`+`J`
- 레이어 그룹 만들기: `Ctrl`+`G`
- 아래로 레이어 이동: `Ctrl`+`[`
- 화면 크기로 보기: `Ctrl`+`0`
- 전경색과 배경 반전: `X`

- 저장하기: `Ctrl`+`S`
- 실행 한 단계 뒤로: `Ctrl`+`Shift`+`Z`
- 선택 반전: `Shift`+`Ctrl`+`I`
- 붙여넣기: `Ctrl`+`V`
- 배경색 채우기: `Ctrl`+`Delete`
- 맨 위 레이어 선택: `Ctrl`+클릭
- 레이어 합치기: `Ctrl`+`E`
- 작업 영역 보기 확대: `Ctrl`+`+`
- 100% 크기로 보기: `Ctrl`+`1`
- 브러시 크기 축소: `[`

1_ [File-New]를 클릭하면 새로운 창이 나타난다.

2_ 필자는 대부분 인쇄용 해상도인 300dpi, A4 크기를 기본으로
설정한 후에 작업한다.

3_ 브러시는 스케치 단계에선 최소 9~15픽셀 이상으로 설정한 후 작업한다. 작업 화면의 해상도가 너무 낮으면 브러시도 둔탁하게 보이는 경우가 많다. 페인팅을 하거나 보정 작업을 할 때 큰 브러시를 사용하면 그 차이가 더욱 도드라지므로 너무 낮은 해상도는 피하고 적절한 브러시 크기를 사용하는 것이 좋다. 필자는 스케치용 필압이 없는 브러시, 필압이 있는 채색용 브러시, 포토샵에서 기본 제공되는 텍스처 브러시, 자체 제작하거나 디자이너들이 판매하는 커스텀 브러시와 텍스처 소스를 혼합해 그림과 재질에 따라 다양하게 사용한다.

포토샵에는 브러시와 레이어를 이용해 곱하기, 스크린, 오버레이 등 여러 가지 색상을 조절할 수 있는 블렌딩 모드가 있다. 대부분 노멀 브러시로 그림을 그리는데, 특정 부분의 채도와 명도 색상을 조절할 때 레이어나 브러시에 블렌딩 모드를 적용해 보정하거나 페인팅한다.

필자가 자주 사용하는 블렌딩 모드들을 소개한다. 블렌딩 모드의 기본적인 특징을 이해한 후 책 뒤의 튜토리얼에서 필자가 활용하는 방법을 살펴보면 좀 더 쉽게 익힐 수 있을 것이다. 흑백을 네 가지 톤으로 나눈 이미지 위에 주황색의 원이 그려져 있는 레이어를 블렌딩 옵션에 따라 바꿔 올려본다.

① 표준

표준으로 레이어를 올려봤다. 블렌딩 효과가 없는 기본 속성이기 때문에 주황색 속성 레이어는 그 아래 레이어에 아무런 영향을 미치지 못한다. 가장 기본적이고, 가장 많이 사용하는 속성 모드다.

② 어두운 색상

선택한 색보다 어두운 명도의 영역에는 아무런 효과를 미치지 못하고, 보다 밝은 명도의 영역에만 영향을 미친다. 그렇기 때문에 원치 않는 영역이 너무 밝을 경우, 원하는 명도까지 어둡게 하는 데 사용하기 좋다. 오른쪽 이미지에서는 선택한 색보다 밝은 영역에만 주황색이 적용된 것을 확인할 수 있다. 필자는 원근 조절이 필요하거나 명암 대비를 낮출 때 자주 사용한다.

③ 곱하기

블렌딩이 적용되는 모든 면의 어두움을 곱하기(Multifly)로 가산해 올려준다. 그렇기 때문에 계속 덧칠하다 보면 칠하고 있는 모든 면이 까맣게 되므로 조심해야 한다. 필자는 그 영역을 어둡게 만들고자 할 때 이 모드를 적용해 사용한다.

④ 컬러 번(Color Burn)

면의 명암과 색상의 대비를 증가시킨다. 블렌딩이 적용되는 부분은 명도와 채도가 급격하게 올라간다. 필자는 근경을 강조하고 싶을 때 약하게 사용한다.

⑤ 밝기

선택한 색보다 어두운 영역을 밝게 해준다. 블렌딩 컬러와 같거나 이보다 밝은색은 그대로 투과시켜 적용된다. 어둡게 하기와 반대되는 블렌딩 모드로, 필자는 명도의 원근 조절이 필요하거나 고명도의 영역에 색상 대비를 강조할 때 자주 사용한다.

⑥ 색상 닷지(Color Dodge)

색상 채널의 대비를 감소시켜 밝게 들어가기 때문에 채도와 명도가 전반적으로 밝아진다. 필자는 터지는 듯한 햇살을 넣거나 금속의 질감을 표현할 때 주로 사용한다.

⑦ 스크린

전반적으로 그림을 밝게 만든다. 선택한 컬러
와 적용 면의 반전색이 곱해져 올라가기 때문
에 계속 칠하다 보면 모든 면이 하얗게 된다. 그
렇기 때문에 스크린(screen)을 검은색으로 넣
으면 아무런 효과가 없다. 필자는 부드러운 자
연광이나 공기 원근을 넣을 때 자주 사용한다.

⑧ 오버레이

오버레이(Overlay)는 블렌딩 컬러를 적용 면에 곱하거나 스크린하는 식으로 적용되는데, 필자는
블렌딩 컬러 명도 50을 기준으로 삼아 그보다 높은 명도일 경우 적용 면을 밝게 할 때, 그보다 낮
은 명도일 경우 어두워지게 할 때 사용한다. 기존 색의 밝기와 농도는 보존하는 식으로 블렌딩되는
특성이 있다.

▲ 명도 50보다 밝은 컬러로 오버레이를 사용한 예시

▲ 명도 50보다 어두운 컬러로 오버레이를 사용한 예시

컬러 밸런스 조절하기 STEP 07

이제 포토샵에서 전체적인 색조를 조절하는 방법을 알아보자.
Ctrl+B를 누르면 선택한 레이어의 색을 슬라이드를 움직임으
로써 조절할 수 있다.

1_ 상위 그림을 켜놓은 상태에서 `Ctrl`+`B`를 누르면 나타나는 색상 균형 창에서 맨 위에 있는 슬라이드의 화살표를 'red'라고 쓰인 쪽으로 옮겨봤다.

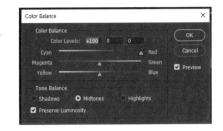

2_ 이미지에 전체적으로 빨간색이 더해졌다.

색상/채도/밝기 조절하기 STEP 08

이번엔 선택한 레이어의 색상과 채도, 밝기를 바꾸는 방법을 알아보자. 색이 보정되길 원하는 레이어를 선택한 후 `Ctrl`+`I`+`U`를 누르면 색상/채도/밝기를 조절할 수 있는 창이 나타난다.

|1| 색상

1_ 색상(Hue) 슬라이드의 화살표를 움직이면 전체 레이어의 색상을 조절할 수 있다.

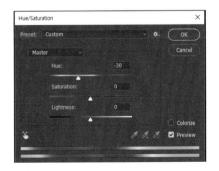

2_ 색상 슬라이드의 화살표를 왼쪽으로 −30만큼 옮겼을 때 색상이 전
반적으로 바뀌는 것을 확인할 수 있다. 이 슬라이드 바는 레이어 전체
의 색을 화살표가 위치하는 색의 색상 값만큼 바꿔준다. 여러 분위기
를 양산할 때 유용하지만, 한 레이어에서 자주 사용하면 색상 대비가
단조로워질 수 있으므로 중간중간 영역을 지정해 색의 대비를 다르게
수정하면서 사용하는 것이 좋다.

|2| 채도

1_ 채도(Saturation) 슬라이드의 화살표를 움직이면 전체 레이어의 채도
를 조절할 수 있다.

2_ 채도 슬라이드의 화살표를 좌측 끝으로 움직이면 전체 채도는 사라지고 명암 값만 남게 된다. 이와 반대로 화살표를 우측 끝까지 움직이면 모든 색의 채도가 극단적으로 올라가 빨주노초파남보의 색상 값만이 남아 있는 것을 확인할 수 있다.

|3| 밝기

1_ 밝기(Lightness) 슬라이드의 화살표를 움직이면 전체 이미지의 밝기를 조절할 수 있다.

2_ 밝기 슬라이드의 화살표를 좌측 끝 또는 우측 끝으로 움직이면 이미지가 전체적으로 어두워지거나 밝아진다. 필자는 레이어를 근경, 중경, 원경으로 구분해놓고 명암을 조절할 때 사용한다.

배경은 화면 전체가 작업 면적이므로 전체 분위기를 보는 것이 매우 중요하다. 그렇기 때문에 늘 화면 전체와 작업 중인 부분을 동시에 보면서 초반에 계획한 흐름대로 가고 있는지 확인해야 한다. 부분만 보고 작업할 경우, 예상한 그림과 달라지기 쉽다. 항상 작업 중인 창과 화면 전체가 보이는 작은 창을 동시에 띄워놓고 작업하기 바란다.

|1| 다른 크기의 같은 작업 창을 띄워 전체의 분위기를 한눈에 확인하기

포토샵에서 작업 중인 창을 원하는 만큼 여러 개 띄워놓는 방법을 설명한다.

1_ 작업 화면을 나타나게 한 후 Alt+W – Arrange – 들어가 뜨는 창 가장 아래의 [New Window for 작업 파일명] 버튼을 클릭하면 작업 중인 파일과 같은 파일의 새로운 창이 하나 더 열린다.

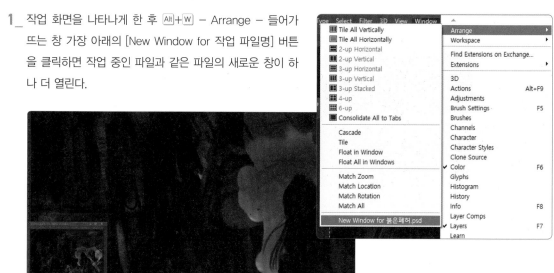

2_ 이 창은 모두 하나의 세이브 파일을 공유하면서 작업 가능한 뷰어를 여러 개 띄워놓고 있는 것과 같다. 하나의 파일이기 때문에 한 창에서의 작업 과정이 다른 창에서도 동시에 보인다.

|2| 흑백으로 보기

배경은 공간을 표현하는 작업이다. 배경에서의 공간감은 주로 명도 차이로 표현되며, 디테일과 분위기 또한 명도에 큰 영향을 받는다. 그렇기 때문에 같은 파일의 작업 창을 여러 개 띄워놓아야 한다면, 하나의 작업 창을 더 만들고, 그 창을 흑백으로 바꿔 이미지가 흑백으로 어떻게 보이는지 살펴보는 것이 좋다.

1_ 메뉴 바에서 [View(Alt+V)] − Proof Setup − Custom]을 클릭한다.

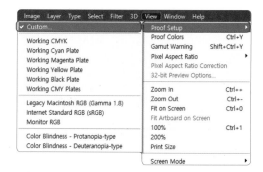

2_ 저해상도 인쇄 조건 사용자 정의(Customize proof condition) 창이 나타난다. 이 창에서 [Device to Simulate] 패널의 가장 아래쪽에 있는 [sGray]를 클릭하고 [OK] 버튼을 누른다.

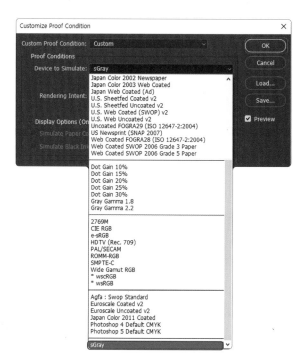

3_ 흑백으로 바꾸려는 창을 선택한 후 Ctrl+Y를 누른다. 선택한 창의 컬러가 흑백으로 바뀌어 보인다. 이 설정을 기본으로 맞춰두고, Ctrl+Y를 눌러 중간중간 작업 화면을 흑백으로 보면 유용하다.

4_ 필자는 다음 이미지처럼 최소한 3개의 창을 띄워놓고 작업한다. 하나는 명도를 살펴보는 데 사용하고, 다른 하나는 컬러로 놓은 후 전체를 관찰하는 데 사용하며, 마지막 하나는 세부 작업 창으로 사용한다.

|3| 모양 변형

오려낸 이미지의 모양을 변형시켜 같은 리소스를 다양한 이미지로 양산하는 데 사용한다.

1_ 오려낸 그림을 선택한 후 `Ctrl`+`T`를 눌러 활성화한다.

2_ 그물망 버튼을 클릭한다.

3_ 모양 변형이 활성화된다. 그물망을 이용해 원하는 모양으로 조절한다.

4_ `Enter`를 눌러 변형한 그림을 비활성화한 후 주변 그림에 맞춰 자연스러워 보이도록 투명도를 조절하거나 브러시로 리터치한다.

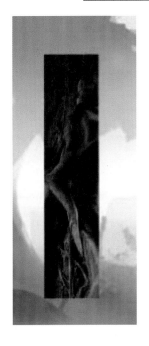  

|4| 레이어 스타일 설정

레이어 창의 하단에 있는 [fx] 버튼을 클릭하면,
레이어의 불투명 영역에 다양한 스타일을 만들
수 있는 창이 나타난다.

1_ [Stroke]를 선택하면 브러시로 칠한 불투명 영역에 선이 입혀진다. 필자는 선 원근을 따로 작업할 필요가 없는 작은
스케치와 면 채색을 동시에 할 때 주로 사용한다.

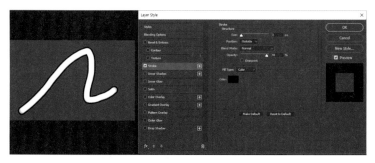

2_ [Outer Glow]를 선택하면 불투명 영역 주변으로 번지는 색의 효과를 추가할 수 있다. 필자는 신비로운 느낌을 주는
그림을 표현할 때 주로 사용한다.

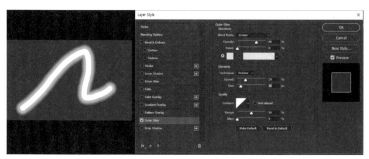

3_ [Inner Glow]를 선택하면 불투명 영역의 안쪽으로 번지는 색의 효과를 추가할 수 있다. 넝쿨이나 나뭇가지에 그림자를 추가하면서 그릴 때 유용하다.

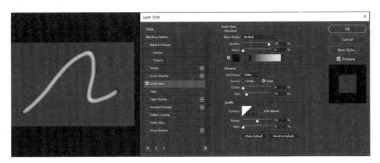

4_ [Drop Shadow]를 선택하면 그림자를 추가할 수 있다. 필자는 문양에 입체감을 주면서 그리거나 그림자를 추가하면서 디테일을 올릴 때 자주 사용한다.

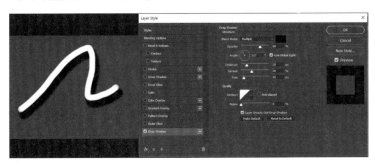

|5| 투명 영역 잠금

레이어 창 상단의 빨간 박스 안에 있는 '불투명 영역 잠금' 버튼을 클릭한 후 디테일을 올리면 처음 칠한 영역에서 벗어나지 않고 색을 올리는 데 유용하다.

레이어 창 위에 [Lock transparent pixels] 아이콘을 선택하면 선택한 레이어의 투명 영역에 잠금을 걸고 불투명 영역의 범위를 유지한 채 페인팅할 수 있다. 필자가 잠금 기능 중 가장 많이 사용하는 기능이다.

|6| 포토 필터

일러스트나 리소스를 양산하거나 색상의 한난 대비를 강조할 때 유용하다.

1_ 레이어 창의 하단에 있는 반원 모양의 [Create new fill or adjustment layer] 버튼을 클릭하면 이미지의 명도와 채도, 색상 보정이 가능한 효과 창이 나타난다. 그중 [Photo Filter]를 사용하면 이미지의 색상을 여러 버전으로 바꿀 수 있다.

2_ 포토 필터 안에 여러 필터를 적용해 양산해봤다. 필터를 부분적으로 지워가면서 사용할 수도 있다.

강의 노트

필터를 원경 레이어에 적용해 분위기를 바꾼 예시

▲ 원본

▲ 원경 레이어만 적용

▲ 적용된 이미지

BACKGROUND IMAGE

그림에 오랜 시간을 투자해 디테일을 올리더라도 그림의 완성도가 쉽게 높아지지 않는 사람은 반드시 구성을 공부해야 한다. 구성을 공부하면 그림을 효율적으로 그릴 수 있다.

02

초보자를 위한 쉬운 구성

구성의 목적과 원리

구성의 목적은 보는 사람의 시선을 그림 안에 최대한 오랫동안 머물게 함으로써 주제를 효과적으로 전달할 수 있는 시간을 확보하는 것이다.

화면을 분할하고 시선을 계속 붙잡아두는 그림은 그렇지 않은 그림보다 매력적이다. 이런 구성법을 적용한 그림과 적용하지 않은 그림을 비교해보면 화면의 안정감이 다르다는 것을 쉽게 알 수 있다. 물론 이런 원칙을 따랐다고 해서 반드시 모든 작품이 완벽한 것은 아니다. 그러나 이 방법을 참고하면 이전보다 좋은 그림을 그릴 수 있다. 이 방법은 필자만 사용하는 것이 아니며, 어떤 그림에도 적용할 수 있기 때문에 반복적으로 연구하다 보면 언젠가 좋은 구성을 만드는 데 익숙해지는 때가 온다. 그때가 되면 이러한 방법들을 유념하지 않아도 직감적으로 자유롭게 화면을 구성해 훌륭한 결과물을 만들어낼 수 있을 것이다.

많은 화가는 아주 오래전부터 꾸준히 작품 속에 보는 사람의 시선을 담는 연구를 해왔다. 우리는 대가들의 작품에서 그런 흔적을 찾을 수 있다. 알퐁스 무하(Alfons Maria Mucha, 1860~1939)의 Salammbô에서도 이런 시선의 흐름을 연출하는 구성을 쉽게 찾아볼 수 있다.

그림 속 시선은 ① 화려한 관을 쓴 여인의 얼굴에서 처음 시작됐다가 여인의 시선을 따라 위로 올라가다가 반원형의 프레임에 반사돼 연기를 타고 아래로 내려온다. ② 근경의 두건을 쓴 여인의 얼굴에 머물다가 ③ 향을 담은 도구에 닿고, 향의 원형에서 위로 올라간 후 치마-노란 천을 따라 위로 흘러가 다시 ①에 이르게 된다. 이 그림에는 여러 개의 선과 구성물이 존재한다.

▲ Salammbô(Alphonse Mucha, 1896)

보는 사람은 무의식중에 선→구성물→선→구성물을 확인하면서 시선을 움직여 그림을 관찰하게 된다.

그림을 그리는 것이 집을 짓는 일이라면 구성은 집의 크기와 방의 위치를 고민해 동선을 정하는 것이라고 할 수 있다. 이를 위해서는 주제의 위치, 주제를 강조할 수 있는 명암 대비와 밀도, 주제로 시선을 유도하는 선, 그림 안에 들어온 시선이 나가는 것을 막는 장치가 잘 배치돼 있어야 한다.

구성을 이해하는 가장 쉬운 방법은 선을 사용하는 것이다. 선의 특징과 역할을 이해해보자.

|1| 선의 특징

1_ 시선을 만들어낸다. 보는 사
람의 시선은 선을 따라간다.

2_ 시선 집중을 유도한다. 선과
선이 겹치는 곳은 밀도가 생
겨 시선이 집중된다.

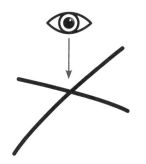

|2| 선을 이용해 만드는 밀도와 명암 대비

1_ 선의 겹침으로 밀도를 만들
어낸다. 선과 선이 여러 번
겹치는 곳은 그렇지 않은 곳
보다 시선이 더 잘 모인다.

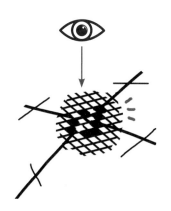

2_ 선으로 구분 지은 영역에 명암
을 달리하면 시선이 집중된다.
명암이 강하게 대비되는 곳은
시선이 잘 모인다.

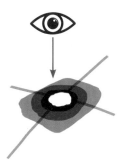

3_ 시선을 유도하는 역할을 하는 곳 또는 주제가 되는 곳은 선과 선의 겹침으로 밀도가 충분히 만들어져 있거나 명암 대
비가 선명해야 한다. 다음 그림은 주제와 부주제의 차이를 명암 대비로 구분한 것이다. 명암 대비와 선의 밀도가 높
은 책더미가 그렇지 않은 책더미보다 시선을 더 강하게 집중시킨다.

강의 노트

무대에서 배우들에게 스포트라이트를 비추는 것
과 비슷하다.

|3| 선의 속도

직선과 곡선을 어떻게 적용시킬 것인지에 따라 시선 이동의 속도를 조절해 그림의 분위기를 다르게 만들어낼 수 있다.

1_ 원근이 적용되지 않은 수평의 선으로, 속도감이 없다. 정적인 화면을 구성할 때 좋다.

2, 3_ 곡선으로 선의 시작점과 끝점에 두께의 차이를 만들어내며, 화면의 흐름을 구성할수록 그림의 속도가 올라간다.

4_ 원근이 강하게 보이는 형태의 직선이 있을 경우, 그림 안에서 시선 이동의 속도는 가장 빠르게 올라간다. 가장 역동적인 분위기를 만들어낸다.

▲ 사진 예시

강의 노트

그리고자 하는 그림의 분위기가 고요하다면 수직, 수평의 선. 좀 더 리듬감 있는 느낌을 강조하고 싶다면 더 부드러운 곡선(해안선), 속도감을 강하게 해 역동적인 느낌을 전달하고 싶다면 원근이 강하게 강조된 직선을 사용하는 것이 좋다.

|4| 곡선의 안과 밖

곡선 안팎의 효과를 이해해야만 시선을 포인트로 유도할 수 있다.

1_ 곡선이 꺾이는 부분의 안쪽에 포인트를 두면 시선이 집중된다. 뒤집어 사용할 수도 있다.

2_ 프레임 가장자리에 꺾이는 곡선의 장치를 넣고, 그 위에 포인트를 두면 시선이 안쪽으로 튕겨져 들어간다. 위와 마찬가지로 반대로 쓸 수도 있다.

3_ 곡선이 < 모양으로 강하게 접혀 있고, 안쪽에 포인트를 둔다면 시선이 집중되는 효과가 더욱 커진다.

4_ 3의 > 끝을 모으면 집중 선의 효과가 생겨 3보다 포인트를 훨씬 더 강하게 강조할 수 있다. 선의 시작점과 끝점의 두께를 달리해 원근감을 넣는 것도 좋다(선의 속도 4).

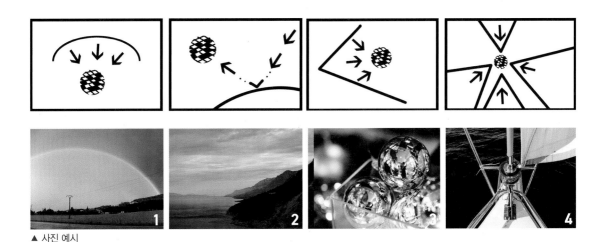

▲ 사진 예시

선을 활용한 구성 예시들 STEP 02

위에서 설명한 선의 특징을 구성에 적용한 예시를 확인해보자.

|1| 곡선을 넣어 시선 유도

1_ 그림 전체를 휘감는 곡선을 넣으면 보는 사람이 그림
을 한바퀴 둘러보게 된다. 좌우의 시선 이동을 반복하
면서 그림의 깊은 곳으로 길게 따라가도록 하면 보는
사람이 그림 전체를 확인할 수 있는 시간을 최대로 늘
릴 수 있다.

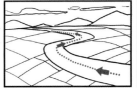 

2_ 명암 대비나 밀도를 가진 곡선을 선 자체에 넣거나 선
안쪽에 구성물을 배치하면 시선을 고정시킬 수 있다.

3_ 곡선 끝에 포인트를 배치하면 시선을 유
　　도할 수 있다.

4_ 카스파르 다비드 프리드리히(Caspar David Friedrich, 1774~1840)의 〈Day〉라는 그림 속에도 S자 흐름이 존재한
　　다. 근경에서 시작된 길의 흐름이 왼쪽으로 흐르면서 원경에 있는 산의 선이 시선을 오른쪽으로 흐르게 만든다. 오른

쪽으로 가면서 주제가 되는 나무를 확인
하고, 시선의 흐름이 인물에 의해 반사
돼 다시 왼쪽으로 흐르면서 주제를 재확
인하게 된다. 시선은 나무의 흐름에 따
라 아래로 내려가지만, 다시 길의 선을
따라 왼쪽으로 가면서 그림 안을 빙글빙
글 돌게 된다.

© Day(Caspar David Friedrich, 1821)

5_ 다음은 필자가 지그재그의 시선 흐름을 화면 속에 구성한 그림이다. 아래에서 시작된 시선이 무너진 건물의 잔해를
　　타고 흐르다가 새들의 흐름을 타고 다시 오른쪽으로 이동한다. 원경 건물의 선을 따라 올라가다가 시선이 명암 대비
　　가 선명한 중경 건물의 끝으로 이동하면서 나시 아래로 내려온나.

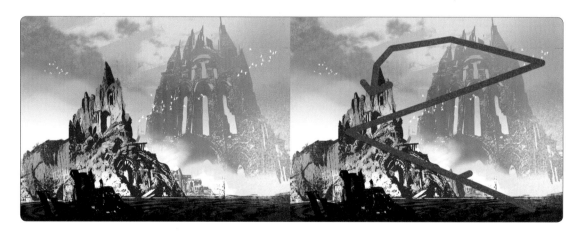

|2| 집중 선 효과 이용

1_ 집중 선 효과를 이용하면 어떤 부분에서
도 강력하게 시선을 고정시키는 효과를
만들어낼 수 있다. 무대에서 스포트라이
트를 주는 것과 비슷하다.

2_ 그림에서 집중 선이 출발하는 중앙에 시
선을 집중시키는 방식을 사용할 때는 포
인트의 명암 대비를 선명하게 만든다.

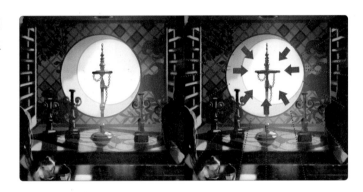

3_ 집중 선이 뻗어나가는 방향에 시선의 흐
름을 만들거나 포인트를 줄 때는 시선을
그림의 중심으로 돌아가게 해주는 장치
를 추가해야 한다.

4_ 집중 선을 x자 모양으로 만들고 지그재
그의 S자 곡선을 추가하는 등 그림 안에
여러 개의 시선 이동을 만드는 선을 넣
을 수도 있다.

© Rialto Bridge from the South(Giovanni Antonio Canaletto, 1737)

|3| 시선을 갖고 있는 물체 사용

1_ '눈'을 갖고 있는 물체를 소품으로 사용
한다. 눈을 가진 물체는 방향 표지판처
럼 보이지 않는 선을 만들어낸다. 인물
이 가장 효과적이며, 필자는 새나 고양
이 또한 주제를 부각시키면서 시선을 유
도하는 장치로 자주 사용한다.

2_ 서로 바라보는 인물을 좌우로 배치했
을 경우, 인물들 사이에 시선의 교차가
이뤄진다. 그 사이에 주제를 넣으면 보
는 사람의 시선 또한 그림 안을 자연스
럽게 맴돌면서 주제를 연속적으로 확인
하게 된다.

|4| 시선이 나가는 것을 막는 선 넣기

1_ 시선이 나가는 것을 막는 선을 추가하는 것은 시선을 오랫동안 고정시키는 데 유리하다. 화면 안에 원형 또는 반원형
이 있는 경우, 보는 사람의 시선은 늘 안쪽으로 몰리게 된다. 시선은 곡선의 바깥으로 쉽게 넘어서지 못하기 때문에
여러 장치 중 가장 강력하다. 많은 대가의 작품에서 포인트의 주변에 반원 또는 원형의 실루엣을 배치해 시선을 포
인트에 모으는 것을 확인할 수 있다. 카스파르 다비드 프리드리히(Caspar David Friedrich, 1774~1840)의 그림을
통해서도 그 특징을 확인할 수 있다.

ⓒ Landscape with rainbow(Caspar David Friedrich, 1810)

2_ 필자는 무지개나 달, 아치형의 창과 같은 원의 형태를 이용한다. 다음은 필자가 달을 사용해 화면상에 반원의 프레임을 넣은 레퍼런스다. 이 안에 포인트를 두면 시선을 효과적으로 고정시킬 수 있다.

3_ 필자는 그림 안의 시선 이동이 원치 않는 곳으로 흐를 때 방향성 있는 물체를 넣어 반사판으로 사용한다. 선이 분명하게 보이는 식물이나 새, 한쪽 방향으로 선을 가진 프레임을 반사판의 선으로 활용하면, 시선 이동을 쉽게 관리할 수 있다.

오른쪽은 필자가 홍콩에서 찍은 사진이다. 이 사진은 주제가 되는 해안가의 수면에서 반사되는 빛이나 산들의 스카이라인이 시선을 위로 올려주고 있는데, 화면의 상단을 차지하고 있는 나뭇잎들의 방향이 시선을 위로 흘러나가지 않고 아래에 머물도록 유도하고 있다.

4_ 칼 호세(Carl Holsøe, 1863~1935)의 그림에서는 좌우의 거울, 책장, 창틀, 문, 접시, 테이블 등이 주로 사용된다.

© Woman in an Interior with a Mirror(Carl Holsøe, 1898)

5_ 필자의 그림 중 시선이 바깥으로 나가는
것을 막는 장치의 예시들이다.

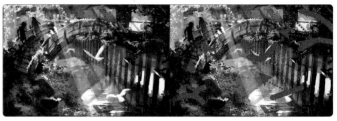

6_ 명도차를 강하게 준 액자식 프레임을 화
면 안에 넣으면 관람자의 시선이 그림
바깥으로 흘러나가는 것을 방지할 수 있
어 구성에 안정감을 준다.

© Woman at the Window(Caspar David Friedrich, 1822)

그림 안의 포인트를 중심으로 십자선(┼)을 체크하고, 그 십자선의 중심 주변으로 네모(□), 마름모(◇), 동그라미(○), 삼각형(△)을 반복적으로 사용하는 것이 가장 쉽다. 그 안에 주제를 구성하면 주제로 자연스럽게 시선을 집중시키고 그림 안에 들어온 시선이 나가는 것을 막는 구성이 완성된다.

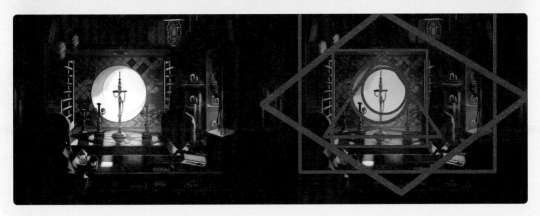

7_ 가로나 세로로 긴 그림일수록 보는 사람의 시선이 화면의 바깥으로 쉽게 나간다. 이때 양쪽에 시선을 안쪽으로 모으는 장치를 사용하면 그림 안에 시선 흐름을 고정시키기 좋다. 프레임 모서리에 그림 안쪽으로 시선을 집중시키는 장치인 인물을 추가하기도 한다(반드시 주제보다 밀도가 낮아야 한다). 다음은 그 예시다.

공간을 선으로 분할하고 밀도와 명암 대비로 시선 이동을 만들어 스케치를 구성해보자.

|1| 주제의 위치를 선으로 잡고 공간 분할하기

1_ 아무것도 그려지지 않은 캔버스다. 이 캔버스가 갖고 있는 것은 프레임
의 선뿐이다.

2_ 화면을 가로지르는 선을 그어본다. 직선을 넣을 경우, 처음부터 보기 좋
은 화면 구성을 만들기가 쉽지 않으므로 곡선을 그리는 것이 좋다. 프레
임의 위 또는 아래 1/3 지점에서 처음 선을 시작하면 좀 더 쉽다. 하나의
선만으로도 화면이 분할되는 것을 느낄 수 있다.

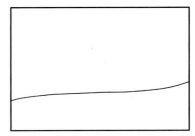

3_ 선의 일부가 교차되도록 세로 방향으로 하나의 선을 더 그렸다. 사람은
선과 선이 겹치는 부분에 저절로 시선이 가게 돼 있다. 그림 위 십자로
겹치는 부분에 시선이 집중되는 것을 알 수 있다.

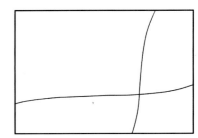

4_ 만약, 선과 선을 겹치지 않게
그리면 면이 분할되는 효과
를 볼 수 있지만, 화면에 시선
을 집중시키는 효과는 덜하
다는 것을 알 수 있다.

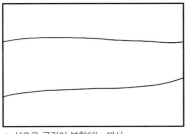

▲ 선으로 공간이 분할되는 예시

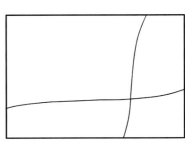

▲ 선으로 시선을 집중시키는 예시

5_ 선이 교차되는 부분에 검은색 타원형을 그려 포인트를 만들었다. 명암 대비가 생겨 시선의 흐름이 더욱 확실하게 한 점에 모이는 것을 알 수 있다.

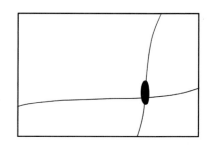

6_ 공간을 나누는 선들을 좀 더 추가했다. 이처럼 선과 점만으로도 화면을 분할시키거나 시선을 한곳에 집중시킬 수 있다.

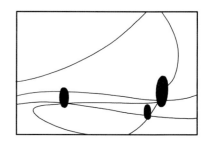

7_ 좀 더 다양한 선과 점을 그렸다. 화면의 바깥에서 시작해 그 안을 흐르는 다양한 곡선을 그려보자. 그리고 선과 선이 교차되는 곳 중 마음에 드는 곳에 포인트가 되는 점을 찍어보자. 모든 선의 교차점에 모두 점을 찍어보고, 어울리지 않는다고 생각되는 부분에 있는 점을 지워보자.

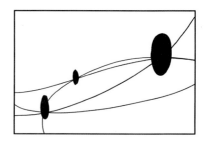

8_ 이때 주의해야 할 부분은 분할된 선과 선 사이의 여백과 포인트의 크기를 다양하게 둬야 한다는 것이다. 여백과 포인트의 크기가 비슷하다면 색과 빛을 아무리 잘 표현하더라도 초보자들에게는 다루기 어려운 그림이 돼버린다.

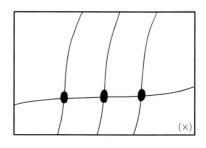

9_ 분할된 여백의 크기와 포인트의 크기를 다양하게 배치하면 좀 더 다루기 쉬워진다.

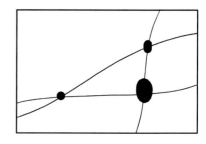

10_ 포인트와 선은 프레임의 가장자리나 모서리에 두지 않는 것이 좋다. 빨간색 선과 점의 위치를 보면 시선이 프레임 바깥으로 쉽게 나가는 것을 느낄 수 있다. 프레임 또한 화면에 영향을 미치는 선이며, 모서리는 프레임의 가로 선과 세로 선이 교차하는 지점이기 때문에 이 부분에서 화면 분할을 시작하거나 포인트를 두는 것은 좋지 않다.

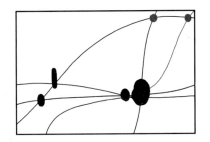

|2| 스케치와 시선 이동

1_ 그림 속 양옆 포인트를 공중에 뜬 나무로 바꾼 후 분할된 화면을 구름으로 구성했다.

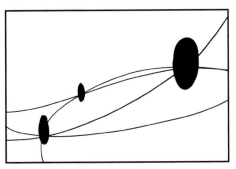 

2_ 길게 길이 난 사진이나 굽이치는 강의 풍경을 찍은 여행 사진을 한 번쯤 본 기억이 있을 것이다. 이런 사진들은 시선이 길의 방향이나 강이 굽이치는 흔적을 따라 빠르게 이동한다. 이 원리를 그림에 적용해보자. 왼쪽과 오른쪽 나무 사이에 구름다리를 그렸다.

3_ 시선이 좌측의 작은 나무에서 우측의 큰 나무로 이동되는 것을 알 수 있다.

4_ 보는 사람의 시선을 좀 더 오래 머물도록 하기 위해 새로운 나무를 화면에서 멀어질수록 작아지게 만들어 추가한 후 길을 이어줬다.

5_ 위 그림은 앞의 그림보다 좀 더 오랫동안 시선을 고정시킬 수 있지만, 관람자의 시선이 화면 속 지그재그로 유도된 흐름의 끝에서 화면 바깥으로 나가버리기 쉽다. 따라서 시선이 바깥으로 나가는 것을 방지하고, 화면 안으로 다시 집 중시켜줄 장치를 넣는 것이 좋다. 필자는 시선 흐름의 끝에 반대편에서 날아오는 새와 멀리 보이는 반원의 선을 추 가했다. 이렇게 하면 시선 이동은 다시 안쪽으로 돌아와 내려오고 근경의 구름다리를 타고 다시 위로 올라가는 식으 로 계속 그림 안을 맴돌게 된다.

초보자는 어느 위치에 선을 그어야 하고, 어느 부분에 포인트를 둬야 할지 알기 어렵다. 그림을 좀 더 쉽게 구성하기 위해 화면 분할 비율에 대해 알아보자.

|1| 황금비율

1_ 전통적으로 가장 많이 사용하는 분할법은 황금비율(Golden ratio)이다. 이는 고대 그리스의 수학자 피타고라스 (Pythagoras, BC580~BC500)가 발견한 비율로, 이 비율로 만들어진 정오각형 모양의 별을 피타고라스 학파의 상징으로 삼았다. 이탈리아의 수학자 레오나르도 피보나치(Leonardo Fibonacci, 1170~1250)가 1202년에 저술한 『주판서』에 나와 있는 피보나치 수열 또한 이와 관련이 있다. 이 책에 나와 있는 2+3=5, 3+5=8, 5+8=13 등과 같은 공식은 0, 1, 1, 2, 3, 5, 8, 13, 21, 34로 이뤄지는데, 이 수열에서 연속하는 비의 값 또한 1: 1.618에 가깝다. 많은 미디어와 텍스트 속에서 우리는 한 번쯤 이 황금비율이라는 단어를 접해본 적 있을 것이다. 1:1.618은 인간의 눈에 가장 이상적으로 보이는 비율로 알려져 있다.

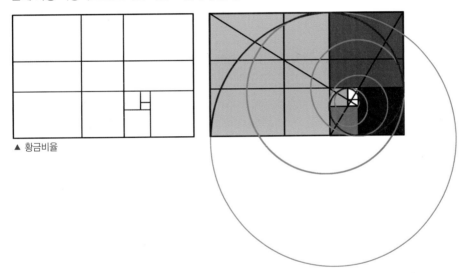

▲ 황금비율

2_ 명암 대비나 밀도를 가진 곡선을 선 자체에 넣거나 선 안쪽에 구성물을 꽉차게 배치하면 시선을 고정시킬 수 있다.

ⓒ The Large Turf(Albrecht Dürer, 1503)　1:1,618로 나눈 이미지

ⓒ The Last Supper(Leonardo da Vinci, 1498)

황금비율로 나눈 이미지

앞의 대가들 외에도 많은 작가에게서 황금비율과 유사한 화면 분할을 찾을 수 있다. 하지만 모든 작가가 이 비율을 염두에 두고 작업하지는 않았을 것이다. 그러나 이와 같은 비율을 사전에 인지한 채 작업하지 않았더라도 이 비율이 여러 작품 속에서 발견됐다는 것은 변함이 없으며, 이 비율이 초보자들에게 가이드 역할을 한다는 것 또한 분명하다.

3_ 필자도 황금비율대로 분할된 프레임을 자주 활용하고 있다. 다음은 황금비율에 따라 화면을 구성한 필자의 개인작이다. 화면을 1:1.618의 황금비율에 따라 분할한 후 겹친 선 위에 포인트를 줬다.

4_ 나선형의 가이드라인이 있는 황금비율에 따라 화면을 분할한 캐릭터 레퍼런스다. 휘몰아치는 듯한 옷의 주름들이 나선형을 이루면서 시선을 캐릭터의 얼굴로 유도하고 있다. 이처럼 배경뿐 아니라 다양한 일러스트에도 활용할 수 있다.

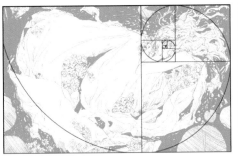

|2| 3분할법

1_ 3분할법(Rule of thirds)은 화면을 1:1:1로 분할해 나눈 후 보이는 선의 네 군데 교차점 중에 포인트를 두는 것을 말한다. 이 분할로 화면을 나누는 것은 황금비율처럼 특별한 계산이나 도구 없이 좋은 구성을 화면에서 바로 만들어낼 수 있다는 장점이 있다. 이 분할의 핵심은 면을 홀수로 분할하는 것이다. 짝수로 분할할 경우, 분할되는 대칭이 초보자가 다루기엔 구성상 답답하기 쉽고 자연스럽지 않다. 하지만 화면을 홀수로 분할하면 대칭을 피하기도 쉽고, 화면의 가장자리에 다가가는 것

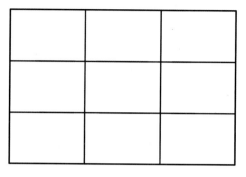

을 피할 수 있다. 화면 구성에 익숙한 숙련자라면 이 3분할에서 벗어나 과감한 구성을 시도해보는 것도 좋지만, 그렇지 않은 초보자는 황금비율 또는 1:1:1을 따르는 것을 권유한다. 필자는 주로 황금비율을 계산하거나 적용시키기에 물리적인 여유가 없을 때, 이미 완성한 화면을 잘라내거나 크기를 키워야할 때 이 구성을 주로 사용한다. 이 분할법이 적용된 그림도 쉽게 찾을 수 있다.

2_ **명화 속 3분할법의 예시**

다음 그림은 클로드 모네(Claude Monet, 1840~1926)의 그림인 'Haystack at Giverny'에서 찾은 3분할법이다.

ⓒ Haystack at Giverny(Claude_Monet, 1886)

3_ **3분할에 따라 화면을 구성한 레퍼런스**

다음은 필자가 3분할법을 활용해 분할한 후 선과 선이 겹치는 부분에 포인트를 두는 식으로 구성한 그림들이다.

|3| 비율 맞춰 수정하기

1_ 바위가 보이는 풍경을 이용해 마음에 들지 않는 스케치를
그리드를 이용해 어떻게 수정하는지 예시를 들어보겠다. 다
음 화면은 선이 너무 많고, 포인트의 크기가 비슷하며, 포인
트가 프레임의 주변에 위치해 있다.

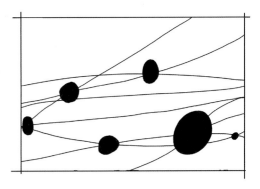

2_ 필자는 돌로 뒤덮인 풍경을 그릴 것이기 때문에 돌의 형태
를 참고해 구성물의 크기를 조절했다.

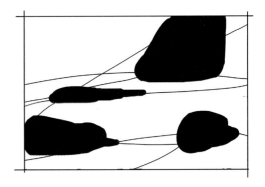

3_ 화면을 돌이 덮인 풍경으로 스케치했다.

4_ 시선 이동이 불명확하고 주제의 명암 대비와 밀도가 충분하지 않다. 화면 위에 황금비율로 분할된 프레임을 올려놓았다.

5_ 분할된 프레임을 참고해 화면을 재구성했다. 시선 흐름과 구성물들이 각 비율에 잘 맞춰 들어가 있는지 확인한다.

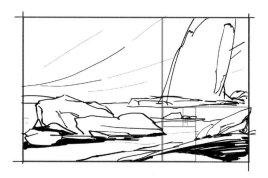

6_ 참고한 프레임을 지운 후 명암 대비와 밀도를 시선 이동에 따라 정리하고 시선을 나가는 것을 막는 장치를 추가했다. 1의 스케치보다 안정적이고 정돈된 화면이 됐다.

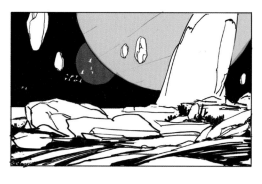

강의 노트

완성도를 더 높이고 싶은데 어느 부분의 디테일을 더 올려야 할지 결정하기 어렵다면 주제가 되는 위치를 포함한 십자선 영역을 잡고 십자선 내부의 디테일을 더 섬세하게 정리한다. 면을 세분화해 색을 추가하거나 명암 단계를 더 많이 나누는 것이다.

———— 주제

———— 완성도를 높여야 하는 영역

구성 시 주의 사항

한 가지 색과 형태의 박스만 파는 가게라면 관리하기는 편리해도 손님(보는 사람)의 구경하는 재미는 떨어질 것이다. 비슷한 여백과 비슷한 크기로 구성물이 배치된 그림은 그렇지 않은 그림보다 지루하기 쉽고, 디테일을 올린다 하더라도 보기 좋게 완성하기 어렵다. 모양의 형태, 크기, 여백의 폭을 다양하게 하는 것만으로도 좀 더 재미있는 그림이 된다. 반복적인 패턴은 초보자들이 가장 많이 범하기 쉬운 실수다.

구성물의 크기와 여백의 폭을 다양하게 만들기 STEP 01

|1| 리듬감

1_ 화면 속 구성물의 배치에 따라 포인트의 크기와 여백의 넓이가 다양성을 갖고 있는지 늘 신경 쓰면서 구성해야 한다. 단조롭지 않고 비대칭을 활용한 선의 리듬감을 익히는 것이 좋다.

▲ 리듬감이 약한 예시

▲ 리듬감이 강한 예시

2_ 숲을 예시로 들어보자. 같은 종의 나무가 균일한 크기와 간격으로 나열돼 있다.

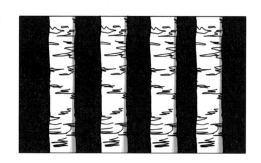

3 _ 나무의 폭, 명도, 여백을 다르게 배치해봤다. 오른쪽 그림처럼 같은 형태의 나무라도 다양한 크기로 배치한 후 크기와 여백을 조절하는 것이 리듬감이 강조된 구성이라고 할 수 있다.

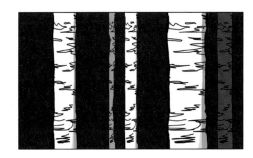

|2| 구성물의 실루엣이 겹쳐 형태가 불명확한 것을 피하기

1 _ 구성물의 실루엣이 겹칠 경우, 형태가 불명확해 보인다. 오른쪽 두 그루의 나무는 어색하게 붙어 있는 것처럼 보인다.

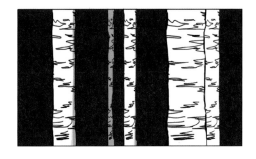

2 _ 가장 좋은 것은 구성의 초반에서 실루엣의 겹침을 피하는 것이지만 시작 단계에 이러한 디테일을 발견하지 못했을 경우가 종종 있다. 이때에는 다음 그림처럼 명도를 다르게 만들어 물리적으로 거리가 있는 다른 구성물이라는 것을 나타낸다.

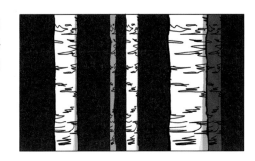

3 _ 그림 속 공기 원근이나 빛을 사선으로 넣어 변화를 만드는 방법을 사용해 구분 짓는 것도 좋은 방법이다.

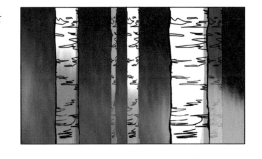

4_ 게임 배경의 리소스를 만들 경우에도 작업 시간과 리소스의 크기를 줄이기 위해 일정 패턴의 반복을 피할 수는 없지만, 그 반복되는 리소스 내에서 포인트의 크기와 여백을 다양하게 구성해 리듬감을 넣는 것이 좋다.

© TEAM D.T.R.

강의 노트

리듬감을 강조한 예시

자연물의 경우, 인공물보다 실루엣의 대, 중, 소가 훨씬 다양해야 한다.

화면을 대칭으로 분할하는 구도는 답답하거나 매우 정적인 분위기가 만들어지기 때문에 화면 안의 흐름을 만드는 감을 잡기 어렵고, 디테일의 배분이 까다로워진다. 하지만 결코 사용하지 말아야 하는 구도는 아니다. 매우 정적인 느낌을 만들기 때문에 종교적인 느낌이나 명상적인 느낌을 강조하고자 하는 그림에는 사용하기 좋다. 대칭적인 그림을 그려야 하는 상황이라면 시선의 이동이나 대칭된 면을 감싸는 리듬감 있는 구성물을 넣어줘야 좋은 구성을 만들기 쉽다.

|1| 대칭을 비대칭으로 바꾸기 1

1_ 다음 그림처럼 화면을 바다와 하늘로 선명하게 분할하는 구성은 초보자들이 바다의 수면을 디테일하게 그리기 어렵기 때문에 좋지 않다. 사진은 디테일을 작가가 그려낼 필요가 없기 때문에 이에 해당하지 않지만, 그림이라는 전제에서는 숙련자가 아닌 이상, 아무리 시간을 들여도 작업이 끝나지 않을 수도 있다.

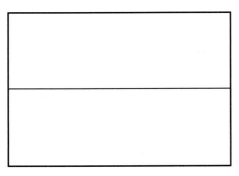 

2_ 대칭으로 분할된 화면에서는 주제를 확장시키거나 근경, 중경, 원경을 구분하기 쉬운 면을 우선순위에 두고 면을 비대칭으로 분할한다. 필자는 앞의 대칭된 그림 속 구성물 중 구름이 있는 하늘의 크기를 키우고 바다의 면적을 줄였다.

|2| 대칭을 비대칭으로 바꾸기 2

1_ 화면 속 구성물이 탑이나 기둥처럼 직선의 형태를 가진 구성물이 화면을 분할할 때도 대칭에 주의하는 것이 좋다. 다음은 중앙의 거대한 탑이 화면을 대칭으로 2분할한 그림이다. 특성상 고요한 분위기가 강조돼 있다.

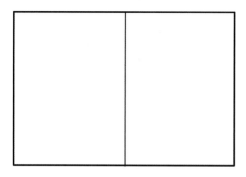 

2_ 하지만 탑 뒤에 보이는 넓은 하늘을 채워야 한다. 색으로 공기 원근을 잘 표현해 하늘을 그리는 데 자신 있는 사람이라면 나쁘지 않겠지만, 초보자에게는 어려운 일이기 때문에 일반적으로는 다음 구성처럼 구성물의 개수를 홀수로 늘린 후 크기를 대, 중, 소로 나눠 리듬감을 더하거나 비대칭으로 화면을 분할한 후 시선의 흐름을 추가하는 것이 좋다.

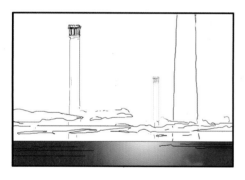 

|3| 대칭에 시선 이동 넣기

1_ 세로로 2분할하면 정적이고, 그림을 완성하기 어려워진다.

 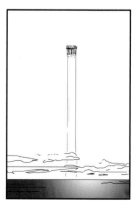

2_ 가로로 2분할된 구도를 수정한 것과 마찬가지로 탑의 개수를 늘리는 것을 권장하지만, 반드시 대칭으로 그려야 할 경우에는 오른쪽 그림처럼 시선 이동을 리듬감 있게 꾸민 후 주제를 강조할 수 있는 장치들을 앞뒤에 추가해 강조해야 한다.

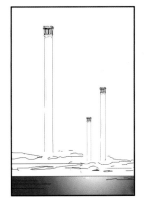
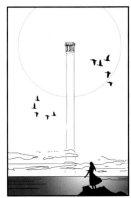

3_ 대칭에 시선 이동의 리듬감이 들어간 그림(예시)이다.

강의 노트

화면 속 구성물을 배치할 때 주의할 점은 다음과 같다.

① 주제가 불분명하다. → 황금비율이나 3:3:3의 안내선을 참고해 위치를 수정하고, 주제의 명암 대비를 강조한다.

② 구성물의 대, 중, 소를 다루기 어렵다. → 비슷한 구성물들의 개수가 짝수라면 홀수로 만들거나 구성물의 위치에 명암, 크기의 차이를 이용해 원근을 넣는다.

③ 구성물의 크기와 화면의 여백이 비슷한 비율을 차지하고 있는지 확인하기 어렵다. → 화면을 반전시켜 보거나 작게 축소해 확인한다. 모니터에서 휴대전화로 옮겨 액정 크기가 다른 디바이스에서 확인해보는 것도 좋은 방법이다.

④ 그림이 답답하게 느껴진다. → 비대칭으로 강약을 만들거나 구성물의 리듬감을 강조한 후 시선이 이동되는 곳에 선의 디테일과 명암 대비를 추가한다.

구성력을 키우는 방법

구성을 연습하는 데 가장 좋은 방법은 가로 그림을 세로 그림으로 바꾸거나 세로 그림을 가로 그림으로 바꿔보는 연습을 하는 것이다. 과거에 그렸던 그림을 분석한 후 그림의 구성물을 재조립해가듯이 주제가 강조되도록 비율을 수정하고, 시선을 유도하는 선과 시선이 나가는 것을 막는 방법을 공부한다.

|1| 가로로 그려진 노을이 지는 하얀 성

1_ 노을이 비치는 강 건너편의 흰색 성을 바라보고 있는 여자의 뒷모습이 담긴 풍경이다. 다음 그림은 근경에서 원경으로 가는 시선 이동이 미약하게 그려져 있지만, 구성물의 강조가 부족하고 시선 이동이 안정적이지 않다.

2_ 인물→성→하늘→인물 방향으로 색상 대비와 명암 대비를 올려 시선 이동을 강조하고, 새를 이용해 시선이 밖으로 나가는 것을 막았다.
수면을 낮춰 인물의 머리에 십자선의 겹침을 만들어 시선을 집중시켰다. 성은 더 크고 높게 그린 후 원경의 산맥과 실루엣을 겹쳐 또 다른 십자선의 겹침을 만들고, 성 뒤쪽에 태양을 추가해 시선을 고정시켰다.

|2| 구성을 세로로 바꿔보기

위 그림을 스케일감을 키워가면서 세로로 재구성했다. 위에서 아래로 내려오는 시선 이동을 만들기 위해 성의 크기, 새들의 길이, 색상 대비와 시선이 나가는 것을 막는 장치를 추가했다.

강의 노트

가로 이미지를 세로로 확장해 구성을 스터디한 예시

4 인물 사용법

많은 학생이 배경을 그릴 때 인물을 넣어야 하는지, 빼야 하는지, 넣는다면 크기와 위치는 어떻게 해야 하는지를 물어본다. 이에 대한 답은 사용 목적에 따라 다르다는 것이다.

인물이 그림 속 스토리텔링의 주된 역할일 때 STEP 01

1_ 시선 흐름을 인물을 중심으로 구성한다. 인물 얼굴의 동그란 도형을 시선을 모아야 하는 곳에 활용하고, 팔과 다리에 있는 긴 선을 그림 안의 지그재그의 선을 만드는 데 활용한다. 배경 인물이 부동 자세로 서 있는 것보다 뭔가를 들고 배경과 관련된 행동을 취하고 있는 것이 좋다.

2_ 배경에서는 인물이 다른 그림 들보다 상대적으로 작게 들어가는 경우가 많다. 인물은 디테일이 많이 들어가는 오브젝트이기 때문에 인물을 구성하는 색을 적게 두고 주변과 확연하게 다른 색상과 명도로 구분 짓는 것이 그리기 편하다.

인물이 스토리텔링에서 관찰적 역할일 때

1_ 그림 속에 인물만 있다면, 보는 사람은 무의식중에 그림 속 인물에 자신을 대입하며, 인물의 시선을 따라가게 돼 있다. 인물을 그림의 가장자리에 위치시킨 후 시선의 방향에 보여주고 싶은 구성물을 두면 배경의 분위기를 강조하는 데 효과적인 구성을 만들 수 있다.

2_ 앞에서 구성 연습을 위해 소개한 그림 속의 인물도 이와 똑같은 역할을 한다.

1_ 관람자가 무의식중에 풍경 속 인물에 자신을 대입한다는 특징을 활용하면 배경의 스케일을 전달하기 쉽다. 왼쪽 그림은 인물을 크게, 오른쪽 그림은 작게 넣은 것이다. 오른쪽 그림 속 자연물이 인물과 대비돼 훨씬 더 크고 웅장하게 느껴진다.

2_ 필자 또한 배경 속 구성물의 크기로 비현실적인 느낌을 주고 싶을 때 자주 활용했다. 오른쪽 그림은 필자가 인물의 크기로 그림 속 스케일을 전달한 예시다.

|1| 명암으로 강조

1_ 배경 속 인물은 배경과 명암이 비슷한 경우 좋지 않다.

2_ 배경이 밝으면 인물을 어둡게 한다.

3_ 배경이 어두우면 인물을 밝게 한다.

4_ 배경과 인물의 톤이 비슷하면 인물의 입체에 빛과 그림자를 분명히 함으로써 명암 대비를 강조한다.

강의 노트 사진 예시

|2| 인물을 구성 요소와 어울리게 배치하는 법

선과 도형을 이용해 인물을 강조하거나 인물이 들어가기에 적합한 선과 도형의 위치를 찾는다.

원형의 액자 안으로 시선이
집중되는 것을 이용

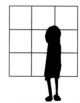

액자+선과 선이 교차해
밀도가 올라가는 것을 이용

삼각형의 액자로 시선이 집중되는
것을 이용

가로 선과 세로 선의 교차로 밀
도가 올라가는 것을 이용

선이 모이는 곳은 시선도 모인다.

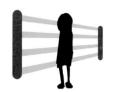

원근이 적용된 소재 사이
시선이 교차되는 곳에 배치

선이 꺾이는 곳의 안쪽은 시선
이 모인다.

바닥에 반사판 깔아주기

집중 선 효과를 이용

선과 선이 교차되는 곳은
시선이 모인다.

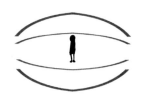

프레임이 축소돼 가는 곳의
중앙에 배치해 시선이
집중되는 것을 이용

선들의 방향이
향하는 곳에 배치

|3| 사진에 인물을 구성에 어울리게 넣어 강조하기

1_ 기둥 사이로 햇살이 들어오는 건물 사진이다. 햇살의 방향과 축소되는 기둥의 선으로 시선이 집중될 위치를 찾은 후 빛이 가장 강한 곳에 인물을 올려 실루엣을 강조했다. 그 외에 시선이 나갈 만한 명암 대비가 있는 요소는 어둡게 처리했다.

2_ 다음은 액자가 많이 걸린 전시장 이미지다. 가운데로 시선이 집중되는 위치를 찾아 삼각형의 스포트라이트를 만들고 인물을 배치했다. 스포트라이트 안쪽 주제의 명암 대비와 밀도를 강조하기 위해 주변을 어둡게 처리했다.

3_ 컬러 그림 예시

강의 노트 정사각형을 이용해 황금비율 만들기

① 정사각형 프레임을 만든다.

② 프레임에 X자로 대각선을 긋고. 대각선이 겹친 가운뎃점을 중심으로 세로 선을 그어 사각형을 1/2로 나눈다.

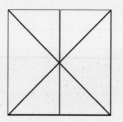

③ 1/2로 나뉜 바닥 선에서 사각형의 오른쪽 위 모서리까지 닿는 선을 그은 후 그 선을 바닥과 평행하게 내린다.

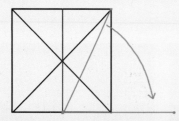

④ 연장된 바닥 선 위에 선을 추가한다. 그런 다음, 기존의 사각형 안에 그려져 있던 필요 없는 선들을 지운다. 이제 1.618:1의 황금비율대로 화면이 나눠진 프레임을 갖게 됐다.

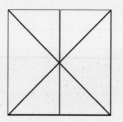

⑤ 하지만 구성을 위한 화면 분할에는 좀 더 많은 선이 필요하다. 프레임을 복사, 붙여넣기, 반전해 합친다. 이제 양쪽으로 1.618:1로 나뉜 프레임이 생겼다.

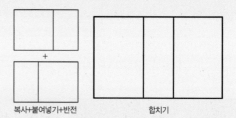

⑥ 프레임의 왼쪽 상단 모서리와 오른쪽 하단 모서리까지 프레임을 가로지르는 선을 긋는다.

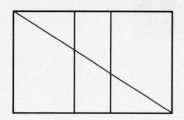

⑦ 화면을 가로지르는 선과 기존에 있던 세로 선들이 겹쳐지면서 만들어진 두 점을 중심으로 화면에 가로 선을 2개 긋는다.

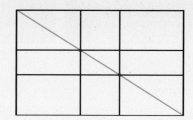

⑧ 황금비율에 따라 분할된 배경 구성에서 가장 일반적으로 사용하는 프레임이 완성됐다.

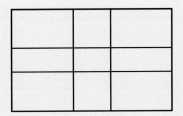

추가로 더 화면을 분할하면 화면을 오른쪽과 같이 구성할 수 있다.

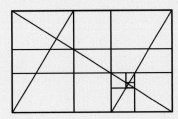

오른쪽과 같은 모양의 분할도 가능하다.

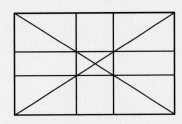

가장 많이 쓰이는 방식은 큰 범위를 1~2개의 선으로 분할한 후 시선 이동을 추가하는 것이다. 디테일은 십자선 영역의 포인트가 있는 곳을 집중해서 올린다.

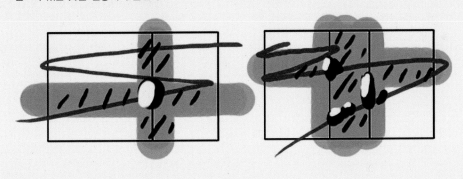

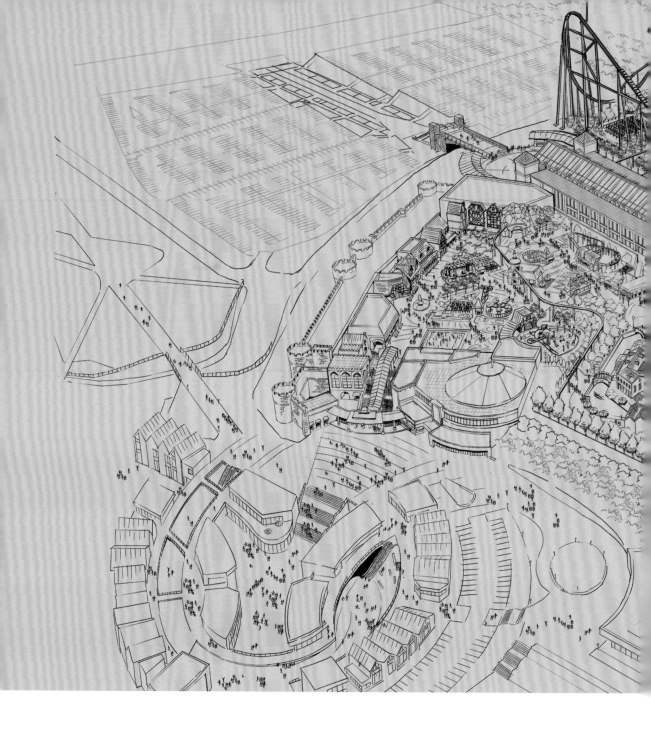

BACKGROUND IMAGE

투시는 배경을 그리고자 하는 사람들이 가장 먼저 마주하는 장애물이다. 어림잡아 그릴 경우 어색해지기 쉽다. 최소한의 기본적인 투시 개념을 공부하지 않고 그리면 언젠가는 한계를 느끼게 된다. 투시 개념은 일찍 공부해둘수록 그림의 완성도를 높이는 데 유리하다. 직선이 많이 사용되지 않은 자연물의 경우에는 간단한 구성과 공기 원근만으로도 그릴 수 있지만, 직선이 많이 사용된 실내나 인공물의 경우 투시가 자연스럽지 않으면 그림이 불안정해 보이기 때문에 다양한 그림을 안정적으로 그리기 위해서는 투시에 대해 반드시 알아야 한다.

배경 그리기의
기초를 위한 **투시**

투시 원근법

투시 원근법(Perspective)은 평면 위의 물체 크기가 거리에 비례해 작아짐으로써 원근의 차이를 느낄 수 있도록 그리는 방법이다. 투시 원근은 정해진 규칙만 외우면 배경의 원근과 형태를 가장 빠르고 쉽게 향상시킬 수 있다.

투시의 기본적인 개념과 용어

STEP 01

1_ 다음 그림은 길을 걷고 있는 사람의 모습이다. 바닥에는 발등 높이로 돋아 있는 풀이 보인다. 원근이 없기 때문에 투시가 없어도 자연스럽다.

2_ 이번엔 새의 시점으로 사람의 머리 위에서 바닥을 내려다보자. 사람이 서 있는 길 양옆의 풀들이 만들어내는 선을 보면 서로 만나지 않고 일직선으로 수평하다는 것을 알 수 있다. 여기서 인물의 왼쪽 풀을 Ⓐ, 오른쪽 풀을 Ⓑ라고 가정한다.

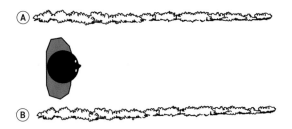

3_ 화면 시점을 사람의 시야로 바꿔보자. Ⓐ와 Ⓑ 사이의 폭은 그림 안에서 점점 좁아져 인물의 눈 높이에서 수평으로 그어진 선 위에서 한 점으로 만나게 된다. 투시 원근법에서는 같은 크기의 물체라도 가까이 있는 것은 크게, 멀리 있는 것은 작게 그려진다.

투시 원근법은 소실점의 개수에 따라 1점 투시법, 2점 투시법, 3점 투시법 등으로 세분화되며,

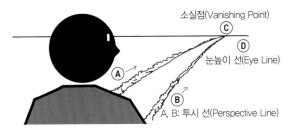

투시 원근법 – 평행하는 선은 눈높이 선 위의 한 점으로 모인다.

이 투시 선과 소실점, 눈높이 선을 이용하면 평면에서 입체를 표현할 수 있다.

눈높이 선의 특징

|1| 눈높이 선이란?

1_ 눈높이 선이란, 투시 원근법에서 후퇴하는 모든 소실점이 위치하고 있는 선 (위 그림에서 Ⓐ선과 Ⓑ선이 모이는 Ⓒ점이 위치해 있는 선 Ⓓ)이다. 만약 눈앞에 보이는 풍경을 그대로 그린다면, 눈높이 선은 그림을 그리는 사람의 눈높이와 일치한다.

2_ 눈높이 선은 '해안선' 또는 '지평선'이라고도 불리는데, 그 이유는 그림 속에 해안선이나 지평선이 있는 경우 그 선과 눈높이 선은 항상 일치하기 때문이다. 다음 사진에서도 화면의 양옆에서 출발하는 선들이 가운데로 점차 좁아져 축소되는 것을 볼 수 있다. 선들을 연장시키면 한 점에서 만나는데, 이 점이 위치한 가로 선이 눈높이 선이다.

3_ 눈높이 선을 기준으로 위에 있는 물체는 아랫면이 보이고, 아래에 있는 물체는 윗면이 보인다. 눈높이 선의 중앙에 있는 물체는 윗면과 아랫면이 가려 보이지 않는다.

|2| 눈높이 선을 사용할 때 주의 사항

1_ 화면 속에 있는 물체의 바닥이 지면과 수평을 이루고 있을 때 소실점은 하나의 눈높이 선을 공유한다.

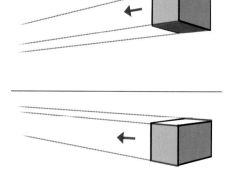

2_ 물체가 모든 바닥과 평행할 때 눈높이 선은 하나만 존재하며, 그리는 중간에 바꾸거나 추가할 수 없다.

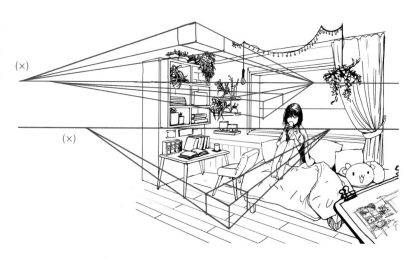

3_ 소실점은 눈높이 선 위에 있는 물체의 방향에 따라 여러 개 있을 수 있다.

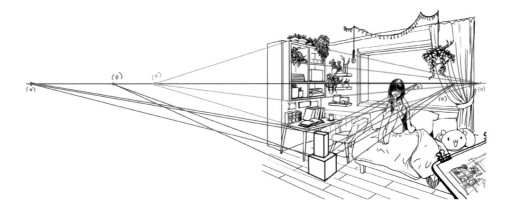

4_ 바닥 선과 평행하지 않고 기울어져 있거나 떨어지고 있는 물체인 경우에는 눈높이 선이 여러 개 있을 수 있다.

5_ 오른쪽 그림의 파란색 박스의 선은 바닥과 평행하기 때문에 눈높이 선이 동일하지만, 분홍색 박스와 녹색 박스는 평행하지 않기 때문에 눈높이 선이 다르다.

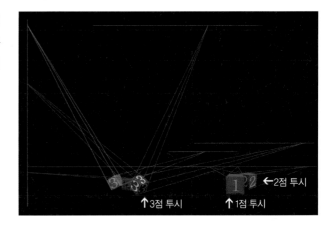

6_ 바닥과 평행한 선을 갖고 있는 물체는 눈높이 선을 기준으로 윗면과 아랫면이 같은 비율로 자연스럽게 확장돼야 한다. 윗면 또는 아랫면의 폭이 갑작스럽게 좁아지거나 넓어지면 눈높이 선이 다르게 적용된 것처럼 어색해 보인다. 이는 초보자들이 배경을 그리는 초기에 가장 자주 범하는 실수 중 하나이므로 주의하자.

7_ 바닥과 평행한 배경 속 물체들의 눈높이가 다를 경우, 그림의 자연스러움이 떨어져 보이므로 이 규칙은 반드시 지켜야 한다.

강의 노트

화면 한쪽에 Ⓐ처럼 눈높이 선 중심으로 윗면과 아랫면의 면적을 미리 그려놓고 스케치를 한 후 디테일을 추가할 때 Ⓑ처럼 가까운 곳의 투시 선을 연장해 그리면 작업하기가 쉽다.

|3| 눈높이 선 찾기

1_ 오른쪽 사진을 이용해 눈높이 선을 찾는 연습을 해 보자.

2_ 가장 쉬운 방법은 사진을 구성하는 물체들 중 가장 긴 선을 찾는 것이다. 보통 바닥의 길이나 벽면의 울타리, 몰딩에서 찾을 수 있다. 한쪽 방향으로 향하는 선들을 연장시켜보면 한 점에서 만나게 되는데, 그 점에서 좌우 수평으로 확장한 선이 눈높이 선이다.

3_ 두 번째 방법은 사진 속 물체의 윗면과 아랫면이 노출된 부분을 찾는 것이다. 노출된 윗면과 아랫면의 면적이 줄어들어 하나의 선으로 보이게 되는 위치가 있는데, 바로 이것이 눈높이 선이다. 그러나 눈높이 선이 화면 바깥에 있어 그림 전체가 아랫면 또는 윗면만 노출하게 될 경우에는 이 방법을 사용할 수 없다.

|4| 눈높이 선의 적용

1_ 실제 보이는 풍경을 그린다면 눈높이 선을 찾는 것도,
그 주변의 풍경을 그리는 것도 쉽다. 하지만 가상의
풍경을 그릴 때는 눈높이 선을 임의로 설정해야 한다.
초보자에게는 구성상의 이유로 중앙보다 화면 상. 하
단 1/3 또는 1/4 지점을 권장한다. 작업할 그림과 비
슷한 눈높이 선을 가진 사진을 이미지 보드에 넣어 참
고하는 것도 좋은 방법이다.

2_ 가장 쉬운 방법은 사진을 구성하는 물체들 중 가장 긴
선을 찾는 것이다. 보통 바닥의 길이나 벽면의 울타리,
몰딩에서 찾을 수 있다. 한쪽 방향으로 향하는 선들을
연장시켜보면 한 점에서 만나게 되는데, 그 점에서 좌
우 수평으로 확장한 선이 눈높이 선이다.

3_ 작업 화면 위에 올리고 참고한다.

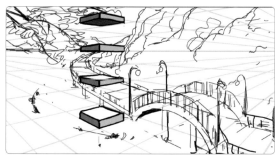

- 액정 태블릿: 투시를 포함해 선 위주로 작업을 많이 하는 사람은 판 태블릿보다 액정 태블릿을 추천한다. 선을 흔들림 없이 정확하게 긋는 데 도움을 주며, 작업 속도도 매우 빨라진다.

- 손목 보호대: 사람에 따라 다르지만 선 위주로 작업을 하는 사람은 손에 힘을 많이 주고 그리다보니 작업을 시작한 지 몇 년이 되지 않았는데도 손목의 통증을 호소하는 사람이 많다. 반드시 손목 보호대를 착용해 손목의 부담을 줄이는 것을 추천한다.

투시가 적용된 그림을 그리는 것이 너무 어렵다면 눈높이 선을 화면의 하단으로 낮춰 그리는 것을 추천한다. 투시가 잘 보여지는 바닥면이 좁아 어색한 투시를 쉽게 감출 수 있다.

눈높이 선의 위치

눈높이 선의 위치

투시 원근법의 종류

투시 원근법의 명칭은 사용하는 소실점의 개수에 따라 다르다. 이 책에서는 가장 많이 사용하는 1, 2, 3점 투시만 소개하며, 소실점이 늘어날수록 평면에서 자연스럽게 표현할 수 있는 공간의 범위가 늘어난다. 소실점의 개수는 그리는 사람의 역량에 따라 무한정 늘려나갈 수 있고, 퍼포먼스에 대한 욕심이 있다면 4, 5점 투시 또는 그 이상도 공부하면 재미있을 것이다.

1점 투시 STEP 01

|1| 1점 투시의 특징

1_ 물체를 그리기 위해 눈높이 선 위에 한 물체당 1개의 소실점만 사용한다.

2_ 소실점 방향으로 후퇴하는 투시 선을 제외한 모든 선은 수직, 수평으로 작업한다.

3_ 대칭일 경우, 지그재그의 시선 이동을 반드시 넣는다.

4_ 수직, 수평선이 많이 사용되며, 선들이 한쪽으로 쏠리기 때문에 비슷한 선이 많이 사용된다. 따라서 단조로워지기 쉬우므로 다양한 패턴을 활용해 리듬감을 최대로 키우는 것이 좋다.

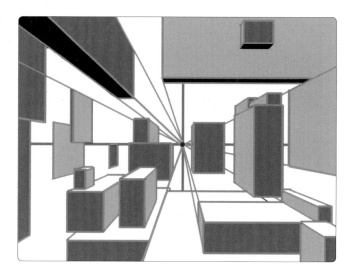

5_ 오른쪽 그림에서 화면에서 노란색은 투시가 적용된 선, 파란색은 투시가 적용되지 않은 선이다.

|2| 1점 투시를 그릴 때 주의 사항

1_ 입체를 그릴 때 투시가 적용되는 선이 너무 길면 수직, 수평의 가로 선과 어울리지 않아 어색한 형태가 나타난다.

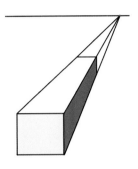

2_ 다음 그림처럼 옆면을 적당히 자르거나 크기를 다양하게 조절하는 것이 좋다.

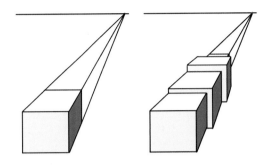

3_ 평면의 바닥이나 천장, 벽의 타일처럼 1점 투시 선에 수직선이나 수평선이 하나 이하로 적용될 경우의 투시 선 길이는 얼마든지 늘려도 좋다.

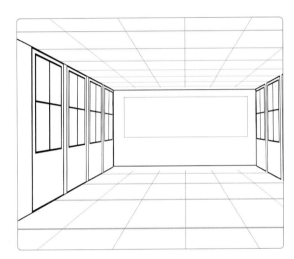

|1| 2점 투시의 특징

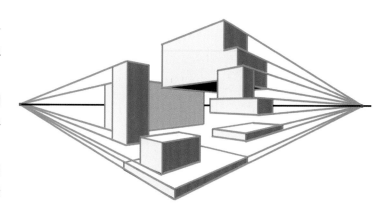

1_ 가장 범용적으로 사용되는 투시다.

2_ 2점 투시는 눈높이 선 위에 오브
젝트당 2개의 소실점을 사용한다.

3_ 가로 선은 오른쪽 화면의 노란색
선처럼 좌우 2개의 소실점 방향으
로 후퇴한다.

4_ 세로 선은 오른쪽 화면의 파란색
선처럼 모두 눈높이 선과 직각을
이루는 수직선으로 그려진다.

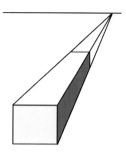

5_ 1점 투시에서 투시가 적용된 선과 적용되지 않은 선
의 이질감 때문에 어색했던 상자의 이미지를 자연스
럽게 그릴 수 있다. 오른쪽 그림의 눈높이 선과 평행
한 빨간색 선을 살펴보자.

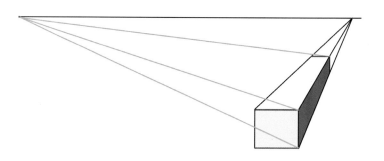

6_ 기존에 있는 소실점과 반대 방향에
두 번째 소실점을 하나 더 만들고,
눈높이 선과 수평했던 선들을 새로
만든 소실점 방향으로 연장시켜 모
아준다.

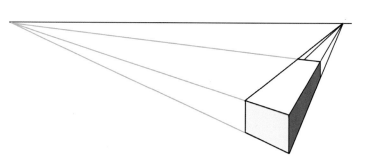

7_ 1점 투시에서 어색해 보였던 상자
를 2점 투시로 바꿨더니 한결 자연
스러워졌다.

|2| 2점 투시를 그릴 때 주의 사항

두 소실점의 거리가 가까울 경우, 다음 그림처럼 오브젝트가 어색한 모양이 나타나기 쉽다. 오른쪽과 같은 어색한 모양이 그려지는 것을 방지하기 위해서는 2점 투시 소실점의 거리와 작업 화면의 범위를 알아야 한다.

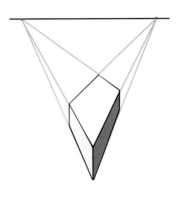

|3| 소실점의 거리와 작업 화면

1_ 시야각

시야각은 시야의 범위 중 눈에서 뻗어나가는 선의 중심을 기준으로 물체가 왜곡 없이 보이는 90도의 영역을 말한다. 중앙에서 밖으로 뻗어나갈수록 물체의 왜곡이 심해지기 때문에 2점 투시인 파란색 영역 이내에서 작업 영역을 설정하면 자연스러운 그림을 그릴 수 있다. 작업 화면에 빨간색 면까지 들어갈 경우, 3점 투시로 작업해야 자연스럽다.

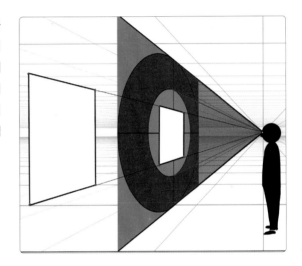

2_ 작업 화면의 범위

오른쪽 그림의 중앙의 십자선 중 세로 선이 눈에서 뻗어나가는 중심선이며, 가로 선은 눈높이 선이다. 눈의 시작점을 중심으로 사각형 박스를 그려 45도+45도의 범위를 잡고, 십자선과 겹치는 지점까지 선을 뻗어준다. 이 범위가 시야각 90도의 범위(빨간색 면)다. 같은 시작점을 중심으로 30도+30도의 선을 찾아 십자선까지 연장해 60도의 원 범위를 찾는다. 이 영역이 시야각 60도의 범위(파란색 면)이다. 이 시야각 60도의 영역은 2점 투시 작업 화면 범위의 기준이 된다.

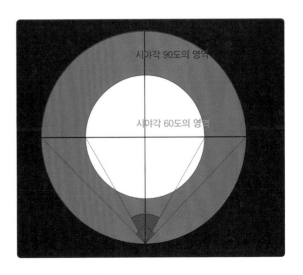

3_ **2점 투시 적정 소실점의 거리**

분명 투시 선에 맞춰 그림을 그렸는데 그림이 어색한 경우가 있다. 이는 대부분 2점 투시에 사용하는 2개의 소실점 위치를 너무 좁게 정해 생기는 문제다. 2점 투시에서는 소실점의 거리가 중앙선을 중심으로 양쪽 각의 합이 90도인 것을 권장한다.

소실점의 범위는 양쪽 소실점 각의 합이 90도이기만 하면 어떤 것이든 상관없다. 다음 이미지를 확인해보면 2점 투시 소실점의 범위를 어떻게 바꿔 사용할 수 있는지 알 수 있다.

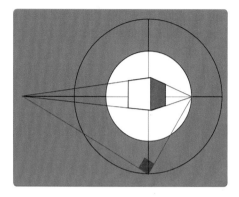 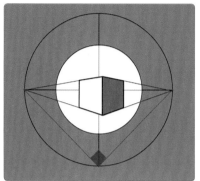

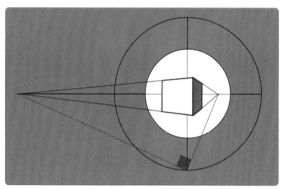

4_ 작업 화면 60도의 범위와 2점 투시의 합 90도를 적용한 그림이다.

오른쪽 그림은 시야각 45도+45도 범위로 2점 투시 소실점의 위치를 정한 후 육면체의 박스를 세로로 나열한 것이다. 시야각 60도에서 벗어날수록 왜곡된 육면체를 확인할 수 있다.

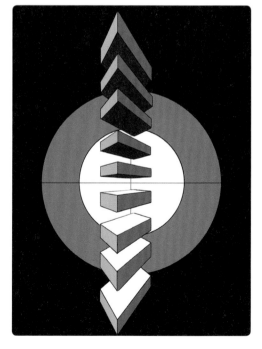

5_ 시야각 60도 이외의 범위를 지워보면 자연스러운 모양의 2점 투시 박스들만 남은 것을 확인할 수 있다.

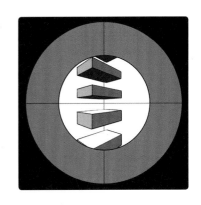

6_ 초보자는 작업 화면 60도와의 범위와 2점 투시의 합 90도의 범위를 모르면 자연스러운 투시를 그리게 될 때까지 오랜 시간이 걸린다. 다음처럼 큰 박스를 투시에 맞춰 그린 후 작업 화면 범위에서 벗어나지 않고 소실점의 거리를 지켜가며 디테일을 올리면 투시력을 빠르게 안정시킬 수 있다.

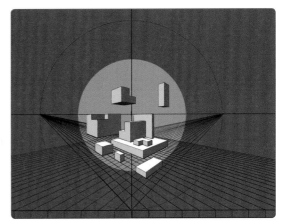

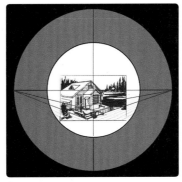
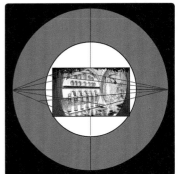

강의 노트

오브젝트를 입체적으로 그리고 싶다면 눈높이 선과 겹치는 선을 가능한 한 적게 사용해 윗면 또는 아랫면을 노출시켜야 한다. 투시가 적용돼 수축하는 방향을 가진 선을 많이 쓰는 것이 입체감을 만드는 데 좋다. 이 점은 1점 투시에도 적용된다.

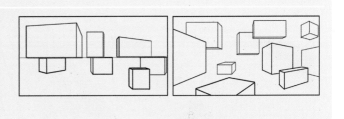

|1| 3점 투시의 특징

1_ 3점 투시는 2점 투시에서 수직이었던 세로 선의 위 또는 아래에 하나의 소실점을 추가하는 것이다. 소실점이 위로 모이는 것을 '로 앵글', 아래로 모이는 것을 '하이 앵글'이라고 한다.

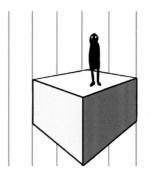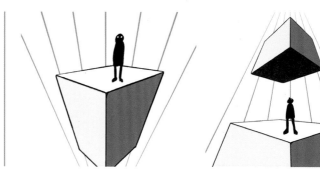

2_ 3점 투시에서는 2점 투시보다 좀 더 폭넓은 공간을 그리기 좋으며, 세로 선을 후퇴시키는 방향을 이용하면 다양한 분위기를 추가할 수 있다.

3_ 3점 투시는 모든 선에 소실점이 적용되기 때문에 앞서 소개한 1, 2점 투시보다 그리기는 번거롭지만 훨씬 입체적이고 특별한 표현을 할 수 있다.

4_ 작업 화면은 시야각의 범위 90도 이내로 그리는 것이 안정적이다.

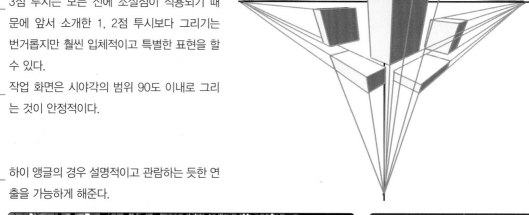

5_ 하이 앵글의 경우 설명적이고 관람하는 듯한 연출을 가능하게 해준다.

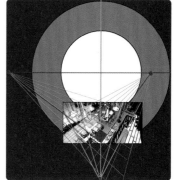

6_ 로 앵글의 경우 무게감, 긴장감을 주는 연출이 가능하다.

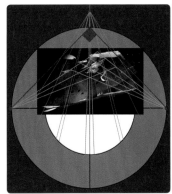

|2| 3점 투시를 그릴 때 주의 사항

3점 투시로 그림을 그릴 때는 원근이 적용되지 않은 세로 선을 그리지 않도록 주의한다. 세로 선의 후퇴가 적용되지 않는 선을 그림 안에 그리면 입체감이 잘 표현되지 않는다.

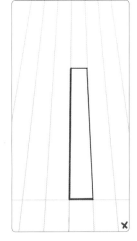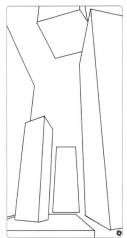

강의 노트

더욱 넓은 공간을 자연스럽게 그리고 싶다면 4, 5점 투시까지 가는 것이 좋다. 소실점의 개수가 늘어날수록 2D에서 자연스럽게 표현할 수 있는 범위가 늘어난다.

▲ 3점 투시

▲ 4점 투시

오브젝트의 분할과 증식

다음 내용을 잘 이해하면 투시에 맞춰 거리감을 맞추거나 선을 이용한 입체를 그리기 쉽다.

|1| 대각선을 이용한 사각형의 분할과 증식

대각선을 이용해 사각형을 분할하고 증식해보자.

1_ 정사각형을 만든 후 내부에 대각선을 긋는다. X선이 겹쳐진 지점이 사각형의 중심이다.

2_ 앞에서 찾은 중심점에 십자선을 추가로 긋는다.

3_ 대각선 또한 2분할됐다. 여기서 대각선의 크기만 알 수 있다면, 그 선을 연장하는 것으로 사각형을 크기만큼 2배로 확장시킬 수 있다는 것을 알 수 있다.

 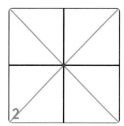 

4_ 사각형의 위, 아래, 중앙의 수평선을 연장시킨 후 기존 사각형의 하단에 중앙선을 통과하는 새로운 대각선을 그어보자. 사각형이 빨간색 선으로 그어진 영역만큼 확장됐다.

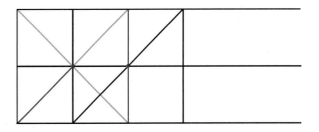

5_ 이번엔 사각형을 2배로 늘려보자. 기존에 그렸던 사각형의 좌하단 꼭짓점과 우측의 중앙선을 연결해 대각선의 크기를 확인한 후 계속 연장한다. **1**에서 그렸던 사각형의 범위와 똑같은 크기로 평행선 위에 나타난 것을 확인할 수 있다.

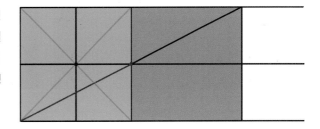

|2| 1점 투시에 맞춰 울타리 그리기

1_ 1점 투시로 길을 만든 후 가로 선으로 사각형을 만들어 X선을 교차시키고 중앙점을 찾고 중앙선과 소실점을 이어준다. 이 사각형은 울타리의 기본 범위가 된다.

2_ 중앙선에서 수평선을 그어 증축시킬 대각선의 범위를 확인한다.

3_ 대각선을 오른쪽 연장선이 닿을 때까지 연장한 후 수평선을 긋고 또 새로운 대각선을 그어 원하는 범위까지 균일한 크기로 사각형을 확장한다.

4_ 분할된 사각형의 양쪽에 울타리의 막대를 그려넣는다.

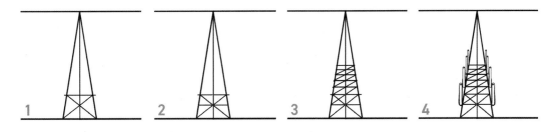

|3| 활용 예시

앞의 방법을 활용해 스케치한 그림이다.

강의 노트

화면에서 멀어지는 공간을 그릴수록 브러시의 두께를 줄여가며 그려야만 선이 많아도 헷갈리지 않고 원근감을 살리며 그릴
수 있다. 최원경을 그릴 때는 선 디테일 자체를 생략하고 면 단계로 바로 들어간다.

강의 노트

포토샵에서 기본으로 제공하는 Kiel 브러시 팩 중 Megapack-FX Box 안의 Kiel's FX Box 1Point Perspective Guide를
이용하면 브러시를 도장처럼 사용할 수 있다.

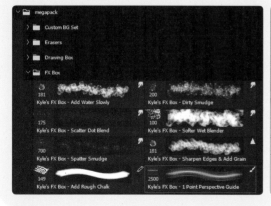 

|1| 사각형 분할을 이용해 원 그리기

1_ 앞서 그렸던 대각선을 이용해 4분할된 사각형을 꺼낸다.

2_ 4분할된 작은 사각형 중 하나에 다시 대각선을 그린다.

3_ 만든 작은 사각형의 대각선에서 수직, 수평을 그으면 기존의 큰 사각형이 16등분된다.

4_ 가장 바깥에 있는 사각형에 4칸씩 가로, 세로로 긴 X자를 그린다.

5_ 12개의 녹색 점을 찍는다.

6_ 점을 모두 이으면 평면에서의 원을 그릴 수 있다.

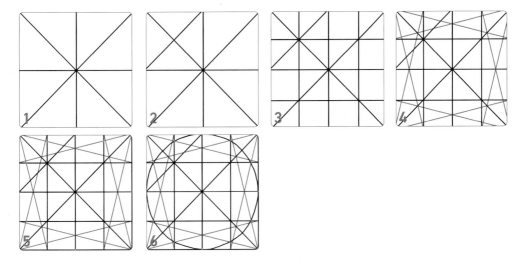

|2| 활용 예시

1_ 이 방식을 이용하면 각 선에 소실점을 적용해 2점 투시의 원기둥을 그릴 수 있다. 2점 투시일 경우, 세로선에 소실점이 적용되지 않기 때문에 원의 윗면과 아랫면의 크기가 일치한다. 따라서 가이드가 되는 점들의 위치도 일치한다.

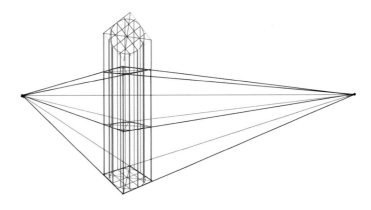

2_ 이 그리드의 세로 선에 소실점을 적용하면 3점 투시의 와인 잔, 우산, 스탠드, 새장 등과 같이 원을 기반으로 하는 오브젝트를 균형감 있게 그릴 수 있다.

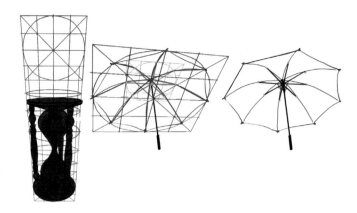

아치

|1| 사각형 분할을 이용해 아치 그리기

1_ 대각선으로 4분할된 사각형을 꺼낸다.

2_ 하단 중앙을 향하는 좌우대칭 4개의 대각선을 그린다.

3_ 아치의 모양을 절반만 그린다. 반쪽의 아치선과 대각선 사이에 교차점들이 생긴다.

4_ 찾은 교차점에서 반대쪽 대칭되는 대각선까지 수평선을 긋는다. 새로운 교차점들이 생긴다.

5_ 교차점을 가이드로 해서 아치와 같은 모양의 선을 그릴 수 있게 됐다.

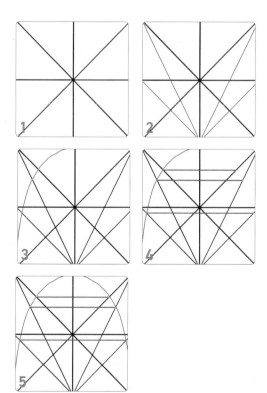

|2| 활용 예시

다음은 아치의 가로 선에 투시를 적용한 예다. 창문과 문을 균일한 폭으로 그릴 수 있다.

|1| 사각형 박스 위에 지붕 그리기

1_ 2점 투시의 박스를 그린다.

2_ 박스의 앞면에 X자의 대각
선을 긋고 중심점을 찾는다.

3_ 중심선에서 위로 수직선을
긋는다. 이 선은 지붕의 높
이가 된다.

4_ 사각형의 위쪽 양끝 꼭짓점과
새로 그은 파란색 선의 끝을
이어 지붕의 옆면을 그린다.

5_ 지붕의 위쪽 선은 좌측의 소
실점 방향으로 긋는다.

6_ 이제 반대쪽 지붕의 경사 선
을 찾을 차례다. 새로운 보조
선이 필요하다. 지붕의 경사
선이 향하는 방향의 소실점
위에 세로 선을 길게 긋는다.

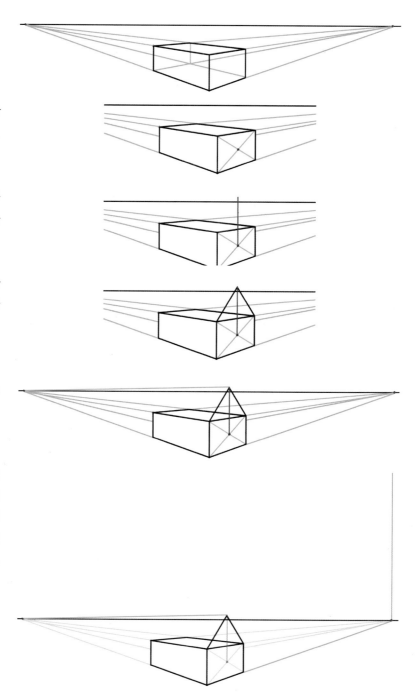

7_ 1의 점에서 시작되는 빨간색 선을 보조선까지 닿도록 연장한 후 보조선에 생긴 2의 교차점에서 다시 3까지 선을 그어 지붕 뒷면의 경사 선을 그린다.

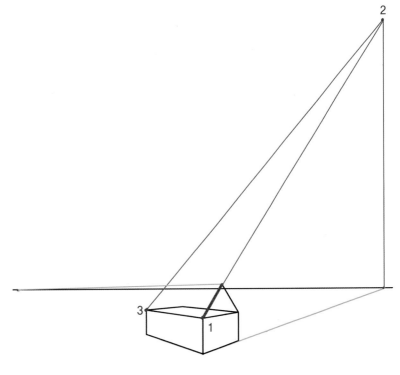

8_ 투시를 이용해 집을 그리기 위한 큰 틀의 선을 찾았다.

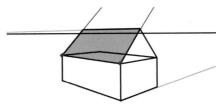

9_ 선을 바탕으로 지붕의 형태와 창문, 입구의 크기를 묘사한다.

|2| 활용 예시

앞 과정을 이용해 여러 채의 집을 그려봤다. 지붕의 경사가 다르면 다른 위치에 세로 소실점을 찍어야 한다.

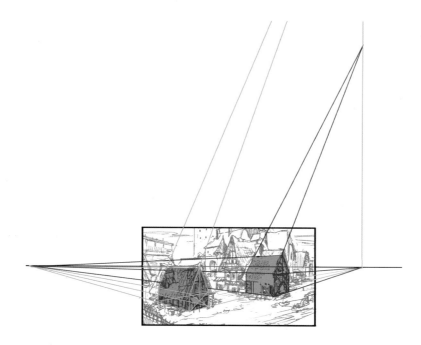

1_ 눈높이 선 위 소실점으로 축소되는 투시 선을 이용하면 같은 크기의 인물을 여러 위치에 놓을 수 있다. 다음 선은 가장 앞에 있는 세로 선을 같은 소실점을 향해 후퇴시킨 것이기 때문에 모두 같은 높이를 갖고 있다.

2_ 오른쪽에 있는 인물을 그림 속 빨간색 선으로 만든 세로 선 위에 넣어보자. 인물이 투시에 따라 자연스럽게 배치됐다.

3_ 이번엔 다른 위치에 인물을 추가해보자. 파란색으로 표시된 영역 위에 같은 인물을 올려볼 것이다.

4_ 왼쪽 소실점에서 파란색 영역까지 이어지는 투시 선을 긋는다. 그러면 기존의 빨간색 선과 교차되는 부분이 생기는데, 교차되는 지점에서 맞은편 빨간색 선까지 세로 선을 그으면 새로운 교차점이 생긴다(노란색 점 참고). 이 위치에서 인물의 높이가 표시된다. 왼쪽 소실점에서 새로운 교차점을 통과하는 선을 그으면 새로운 위치에서 인물의 높이를 구할 수 있다.

5_ 인물을 새로 구한 높이에 맞춰 축소했다.

6_ 안내선을 지웠다. 자연스럽게 배치된 것을
알 수 있다.

투시에 맞춰 3점 투시 계단 그리기 STEP 06

1_ 3점 투시를 이용해 단면 박스를 그린다.

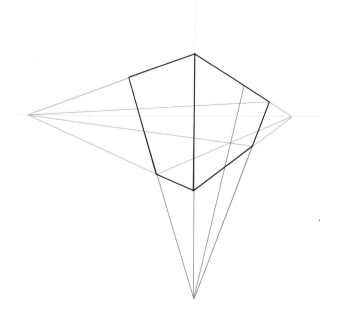

2_ 지붕을 그릴 때처럼 박스 옆면의 대각선을 연장시킨 후 박스 반대쪽에 선을 긋는다.

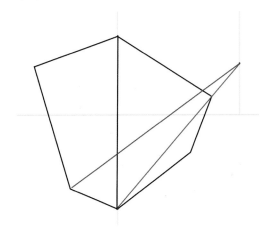

3_ 계단을 그릴 기본 경사면이 만들어졌다.

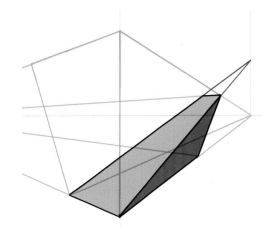

4_ 계단 한 칸의 가로폭을 설정한다. 보통 인물의 발목을 한 칸 또는 그보다 낮은 것이 좋다.

5_ 경사면에 계단의 안내선이 될 그리드를 그린다.

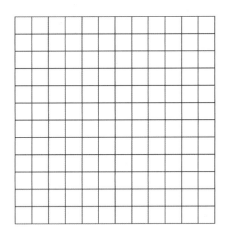

6_ 박스 옆면에 맞춰 모양을 변형시킨다.

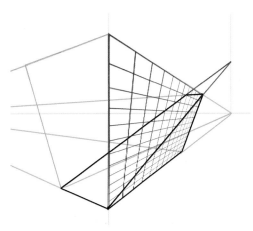

7_ 경사면 윗부분은 지운다.

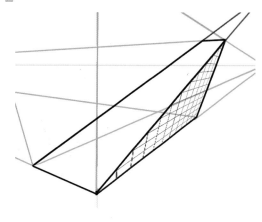

8_ 계단 옆면을 검은색 선으로 긋는다.

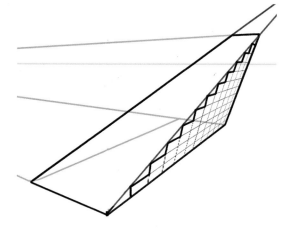

9_ 경사면의 선과 계단 옆면의 선이 교차된 지점에서 왼쪽 소실점까지 선을 연장한다.

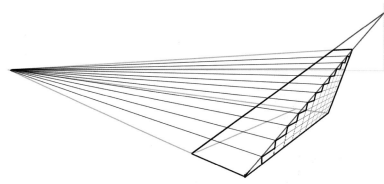

10_ 계단의 반대쪽 경사면에서부터 **1**에서 설정한 하단의 3점 투시 소실점까지 후퇴하는 선을 긋는다.

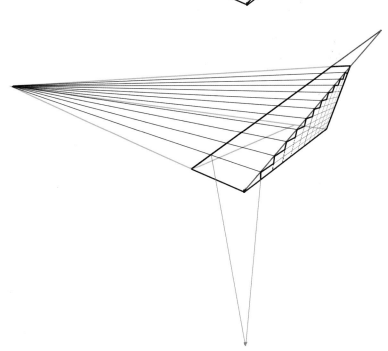

11_ 노란색 바닥 선과 파란색 3점 투시 세로 선이 교차하는 점에서부터 **2**에서 그렸던 계단 경사면의 소실점까지 연장선을 긋는다. 반대쪽 계단도 이와 같은 선을 그어 경사면의 각이 투시에 맞게 그려졌는지 확인한다.

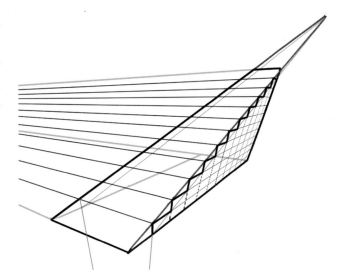

12_ **10**에서 그렸던 선을 계속 긋는다.

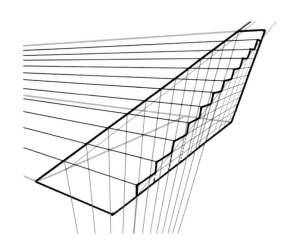

13_ 계단의 ┘자로 꺽인 안쪽 선을 그려야 한다. **12**에서 그렸던 파란색 선이 교차되는 지점과 **8**에서 그렸던 계단 옆선을 이어준다.

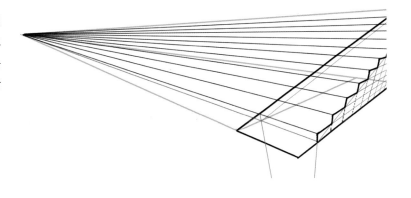

14_ 빨간색 선과 파란색 선은 모두 일치해
야 계단이 투시에 맞게 맞춰 그려졌다고
볼 수 있다.

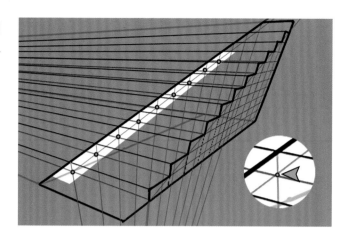

15_ 이미지 전체를 합치고 투명도를 낮춰 투
시 선을 흐려 보이게 한 후 계단의 선을
정리한다.

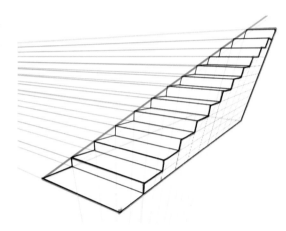

16_ 그림자를 추가해 입체감을 강조했다.

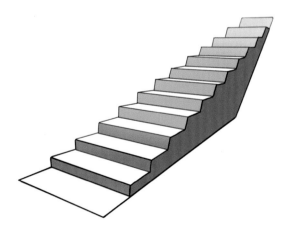

17_ 이 위에 인물을 올릴 때는 세로 선에도 3점 투시를 적용해야 한다.

4 투시에 따른 스케치 작업 과정

다음은 1~3점 투시를 적용시켜 그린 스케치들의 작업 과정이다. 각 소실점을 어떻게 적용해 스케치를 완성하는지 확인해보자.

1점 투시 소녀의 방 STEP 01

1_ 1점 투시로 실내를 그려보자. 먼저 눈높이 선을 설 정한나.

2_ 시선의 흐름과 물체의 위치를 대략적으로 스케치한다.

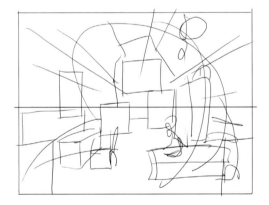

3_ 1점 투시는 형태와 여백의 리듬감과 지그재그의 시선 이동을 강조해야 한다. 비슷한 크기가 없는지 확인하면서 세로 선과 가로 선을 빨리 그려나간다. 가로 선, 세로 선들은 소실점이 적용되지 않아 그리기 쉽기 때문에 미리 그려놓는다.

4_ 디테일은 나중에 그린다. 일단 모든 형태를 소실점이 적용된 큰 박스로 그려넣는다. 전체적인 분위기는 이때부터 확인할 수 있다.

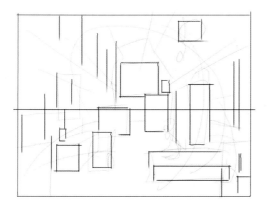

5_ 실내를 그리기 위해서는 대략적인 인물 대비 가구의 실루엣을 파악해놓는 것이 좋다. 인공물은 목적이 있어 만들어진 것들이다. 책상을 그린다면 실제로 일어나 본인의 키와 책상의 높이, 의자 대비 책상 크기가 같은지 확인해보는 것이 좋다.

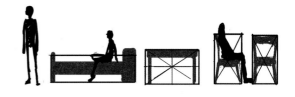

6_ 디테일을 추가하면서 인물을 넣어 인공물이 사용할 수 있는 크기와 디테일을 갖고 있는지 확인한다. 이는 자연스러운 그림을 그리는 데 필수적인 과정이다.

그릴 때는 가까운 것, 큰 것, 가까운 것, 큰 것 순으로 교차하는 것이 좋다. 근원을 살린 후 전체적인 분위기에 영향을 많이 미치는 큰 것을 그리면 그림을 전체적으로 볼 수 있어 불필요한 곳에 시간을 낭비하는 것을 방지해준다.

7_ 스케치 레이어를 새로 올려 가까이 있는 물체들의 디테일을 어느 정도 채워넣었다.

8_ 이제 남은 부분을 정리하자. 마찬가지로 가까운 것, 큰 것 순으로 디테일을 채워야 한다.
이 과정에서는 다음 사항에 주의하자.
- 그림을 너무 부분적으로 확대해 자세히 그리면 전체적인 조화가 잘 이뤄지는지를 볼 수 없다.
- 너무 두꺼운 선을 사용하면 앞에서 잡은 근원이 쉽게 망가진다. 선의 굵기를 조절해가면서 입체감을 유지한다.

9_ 스케치 레이어 아래의 러프 레이어에서 필요 없는 선들을 지워가며 정리했다. 러프에서 그린 선 중 스케치 레이어만큼 디테일이 괜찮은 것들을 남겨 합치면 시간을 절약할 수 있다.

10_ 큰 그림자를 넣어 전체적인 분위기를 잡는다.

11_ 근원에 신경 쓰면서 세부적인 명암과 디테일을 추가한다.

12_ 인물과 새를 추가해 분위기를 살린다. 이때는 명암 대비에 유의해야 한다. 오른쪽 빨간색 선 안의 이미지들은 포인트가 될 만한 디테일을 갖고 있지만, 눈에 띄어서는 안 되기 때문에 비슷한 명암 톤으로 채웠다.

13_ 다음 원 안에 있는 그림들은 명암 대비가 크다. 필자는 위의 디테일들보다 오른쪽 그림의 원 영역에 시선이 집중되길 바랐다. 스케치에서 명암 대비로 시선의 흐름을 정리해두는 것이 좋다.

14_ 스케치를 완성했다.

2점 투시 공중 정원

1_ 2점 투시를 이용해 공중 정원이라는 주제로 스케치를 그렸다. 2점 투시에서는 양쪽 소실점의 범위와 시야각 60도의 범위가 중요하다. 시야각 90도와 60도의 영역이 표시된 이미지를 가져온다. 소실점은 시야각 90도의 양끝에 5도+45도로 설정했다.

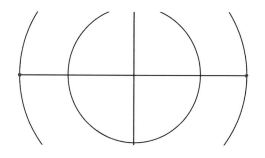

2_ 선을 이용해 공간을 분할한 후 선과 선이 겹치는 부분에 포인트를 체크한다.

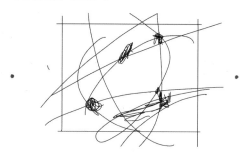

3_ 시선의 흐름과 물체의 위치를 대략적으로 스케치한다.

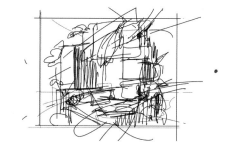

4_ 2점 투시에서는 세로 선이 모두 수직이기 때문에 소실점이 적용되지 않는다. 소실점이 적용돼야 하는 선들에 비해 빠르게 그릴 수 있으므로 대략적인 위치가 정해졌다면 미리 그려두자.

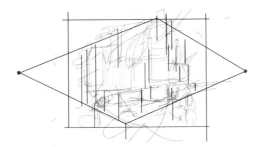

5_ 필요한 가로 선을 모두 양쪽의 소실점을 향해 후퇴시킨다. 이때 박스에서 형태와 여백이 비슷한 부분들이 있는지 확인하면서 수정한다.

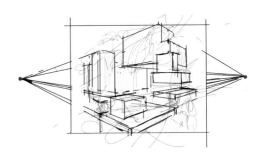

6_ 올라갈 식물의 대략적인 형태를 스케치한다.

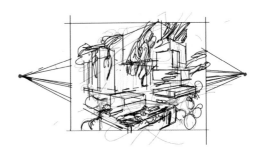

7_ 이제 박스의 선에서 소실점을 향한 안내선을 충분히 찾을 수 있다. 캔버스를 작업 화면 크기로 자르고 근경의 디테일을 추가했다.

8_ 가까운 것, 큰 것 순으로 오가면서 디테일을 정리한다.

9_ 외곽선을 관찰하기 위해 배경을 어둡게 정리했다.

10_ 자연물은 곡선을 이용한 실루엣과 형태가 다양해야 한다. 가지런히 정렬된 직선이 많을수록 인공적인 위화감이 느껴지기 때문이다. 스케치의 외곽선에 동그라미(○)와 네모(■)를 불규칙하게 반복하고 직선 사이에 곡선을 섞는 방식으로 자연물들이 풍부한 형태감을 갖고 있는지 확인했다.

11_ 시선 이동을 염두에 두면서 명암 대비를 강조해 그림자를 넣고, 스케치를 마무리한다.

1_ 3점 투시로 계단이 있는 홀을 그려볼 것이다. 3점 투시는 세로에 각이 있기 때문에 세로 선이 적용된 큰 틀을 그린 후에 시작하는 것이 좋다. 작업 범위는 시야각 90도를 넘지 않아야 한다.

2_ 러프에 들어가기 전 가이드가 될 투시 선들을 미리 그려둔다.

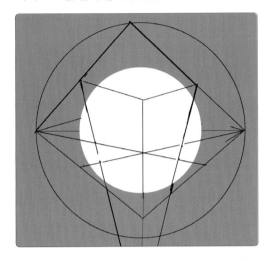

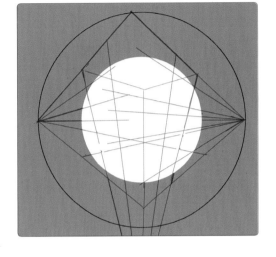

3_ 안내선을 참고해 1층과 2층 영역, 가장 중요한 계단 그리고 그 외 장식의 실루엣을 대략적으로 그린다. 천장에는 꽃으로 만들어진 샹들리에를 넣을 것이다.

4_ 오브젝트의 형태들을 큰 도형으로 먼저 그린다. 장선을 먼저 그려넣는 것이다. 3점 투시에서는 모든 선에 소실점이 적용되기 때문에 나중에 세부적인 선이 틀렸을 때 수정하는 데 애를 먹기 쉬우므로 꼭 전체적으로 큰 도형을 정리해 틀을 잡아놓는 것이 좋다.

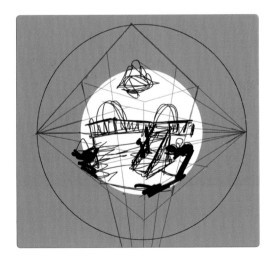

5_ 근경을 명암이 진한 러프로 표시해둔 후 계단과 난간
을 먼저 그렸다. 이 그림에서 가장 중요한 디테일과
많은 면적을 차지하는 부분이다.

6_ 이제 불필요한 선들을 지우고 스케치를 시작한다. 이
번 그림에는 인물을 미리 넣었다.

7_ 우측 장식과 천장의 샹들리에 디테일을 조금씩
정리한다. 2층도 조금씩 그려나간다.

8_ 2층의 큰 장식들을 정리했다. 1층에는 직선을 많이
사용할 예정이기 때문에 2층은 큰 곡선을 중심으로
장식들을 디자인했다. 샹들리에를 인물 위에 두면 시
선이 인물에 가기 쉽다. 따라서 인물을 가리키는 방
향으로 꽃들을 늘어뜨렸다.

9_ 다음엔 1층이다. 우측의 장식을 좀 더 정리해 근경을 살려준다. 그다음으로 큰 면적을 차지하는 것은 계단 뒤의 벽이다. 계단 뒤에는 책장을 그릴 예정이기 때문에 필요한 선들을 투시에 맞춰 그려놓는다.

10_ 계단 뒤의 책장을 모두 가는 선으로 그려줬더니 선의 강약이 약할 뿐, 1층의 근경이나 2층보다 더 세밀해 보인다. 이때에는 다시 근경의 디테일을 올려준다.

11_ 2층 난간부터 책장까지 덮는 장식을 추가해 시선이 책장에 가지 않도록 하고, 근경에 디테일한 스케치를 추가한다. 그림이 조금씩 정리돼간다.

12_ 1층과 2층의 명확한 구분을 위해 바닥 디테
일을 추가하고, 근경의 식물들에 진한 회색
을 넣어 원근감을 마무리했다.

13_ 3점 투시에서는 세로 선이 중요하다. 세로
선을 높고 많게 구성하는 것이 입체감을 강
조하기에 좋다.

14_ 스케치를 완성했다.

5 드로잉 트레이닝

영원히 소실점에 의지한 채 그리드를 그린 후 작업할 수는 없다. 스케치 이전 러프 단계에서부터 이런 안내선에 의지하면 그림이 각지게 되고, 너무 많은 선을 남발하게 되거나 비슷비슷한 그림을 그리기 쉬워지며, 아이디어의 표현이 제한된다.

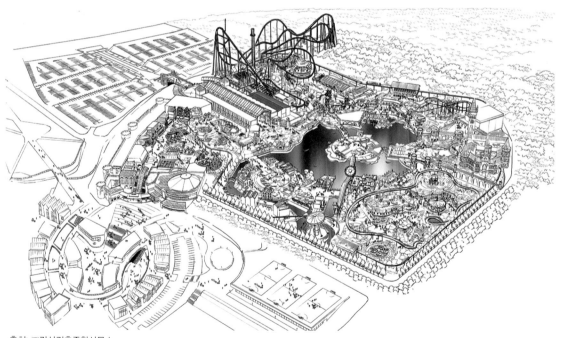

출처: ㈜간삼건축종합사무소

형태를 잘 그리는 사람이 투시 선을 바탕에 놓고 그릴 경우는 얘기가 달라진다. 일정 수준 이상의 퀄리티를 충분히 낼 수 있고, 완성도 있는 이미지가 머릿속에 어느 정도 표현돼 있기 때문에 깔려 있는 투시 선에 큰 영향을 받지 않고 작업 시간을 단축시키면서 완성도를 쉽게 끌어올릴 수 있다. 이를 위해서는 입체를 잘 다루기 위한 드로잉 트레이닝을 하는 것이 좋다.

다각도 박스 그리기 STEP 01

투시 선 없이 얇은 박스를 가운데 그리고, 점차 위로 좌우 양옆으로 틀어가면서 사각형을 펼쳐 그린다. 잔선으로 투시가 자연스럽게 드러나면서 눈높이 선에 따른 면의 면적이 어색하지 않게 나타날 수 있도록 신경을 쓴다. 한 줄을 그리면 그다음 줄은 더 자연스럽게, 그다음 줄은 더 자연스럽게 그릴 수 있다. 한 달 정도만 매일 반복하면 형태감이 크게 안정된다. 스스로가 어떤 방향의 선이나 형태를 잘못 그리는지 알게 되면서 투시를 활용하지 않고도 물체와 어울리는 선의 방향을 입체적으로 그릴 수 있게 된다.

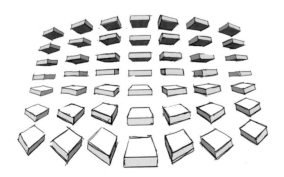

다각도 원 그리기 STEP 02

그다음은 3점 투시로 종이컵을 쌓는 것처럼 원기둥을 쌓아나가는 드로잉 연습을 하는 것이 좋다. 투시는 직선을 쉽게 다룰 수 있게 하지만, 곡선을 그리는 데는 많은 시간이 필요하다. 직선을 그리는 데 익숙해졌다면 다음은 곡선을 자유롭게 사용하는 연습을 하는 것이 좋다.

투시가 없어도 공간감을 나타내는 배경들

투시 원근법 외에도 투시 없이 공간감을 나타내기 위해 사용되는 배경들을 소개한다. 형태의 축소로 원근을 나타내지 않고 공간을 정확히 측정하기 위한 목적을 가진 배경에 주로 사용된다.

① 눈높이 선과 소실점 없이 투시 선만이 존재한다.
② 선의 후퇴가 없기 때문에 원근감이 없다.
③ 구성물이 어느 위치에 있어도 자연스럽다.

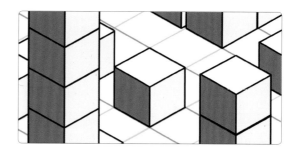

|1| 톱 뷰

톱 뷰(Top view)는 위에서 내려다 보는 뷰를 말한다. 바닥면이 그림 전체를 차지한다. 포켓몬스터, 크레이지 아케이드, 드래곤퀘스트, 젤다의 전설 등과 같은 초창기 게임에서 자주 볼 수 있다.

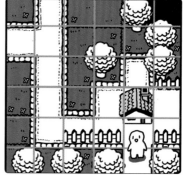

|2| 쿼터 뷰

쿼터 뷰(Quarter view)는 대각선에서 바라보는 뷰를 말한다. 스타그래프트, LOL, 에브리타운, 마이홈과 같은 전략 게임이나 소셜 네트워크 게임에서 자주 볼 수 있다.

|3| 사이드 뷰

사이드 뷰(Side view)는 옆에서 보는 뷰를 말한다. 바닥의 면적은 캐릭터의 종횡 이동 범위에 따라 다르다. 메이플 스토리, 던전 앤 파이터, 악마성 드라큘라, 메탈슬러그, 2D 횡스크롤 액션 게임에서 자주 볼 수 있다.

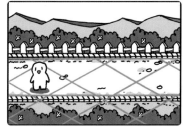

|4| 등각 투상법

공간의 비례를 보여주는 데 최적화돼 있다. 조립 안내서, 건축물에 관련된 팸플릿에서 자주 볼 수 있다.

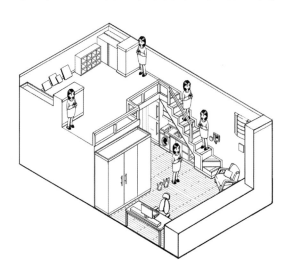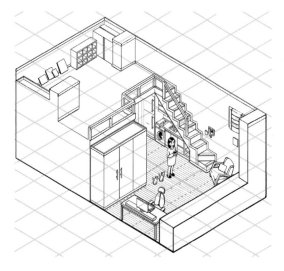

BACKGROUND IMAGE

명암 대비는 원근과 무게감을 만들거나 주제를 강조할 때 사용한다. 또한 명암은
색을 사용할 때 면의 입체를 만들기 위해 가장 먼저 알아야 하는 항목이다.

04

색의 기초 −
빛과 그림자

명암으로 형태 표현하기

명암을 만드는 밝고 어두움의 흐름은 빛에 의해 나타난다. 그림자는 빛이 있어야 그 형태가 분명해진다. 명암을 잘 표현하기 위해서는 빛에 따른 그림자의 단계가 어떻게 표현되는지 이해해야 한다.

빛과 그림자 STEP 01

|1| 원리

1_ 이제 스케치 위에 명암으로 형태를 그리는 방법을 알아보자. 오른쪽은 빛이 설정되지 않은 구 이미지다.

2_ 이 구 위에 조명을 비춰보면 빛이 닿는 면은 밝아진다. 빛이 닿지 않는 물체의 뒷면은 어두워지고 그림자가 생긴다.

3_ 그림자의 밝기는 주광을 중심으로 빛이 닿는 면의 위치에 따라 달라진다.

|2| 명암의 종류

빛이 닿는 물체는 다음과 같이 6개의 명암이 만들어진다. 다음 여섯 가지 명암은 물체의 형태를 표현하는 기본이 된다.

① **하이라이트**: 물체에서 가장 밝은 부분이다. 빛이 가장 많이 반사되기 때문에 주광색의 영향을 많이 받는다. 고유 질감에 따라 선명도에 차이가 있다.

② **중간 톤**: 중간 밝기다. 하이라이트와 명암 경계선의 사이에 있다. 물체 고유색과 명도가 가장 잘 드러난다.

③ **명암 경계선**: 빛이 끝나고 그림자가 시작되는 부분이다. 명도가 낮아짐에 따라 색이 진해지는 경우가 간혹 있다.

④ **최암부**: 물체에서 가장 어두운 부분이다. 위에서 오는 빛, 아래에서 오는 반사광의 영향도 가장 적게 받는다.

⑤ **반사광**: 최암부와 그림자 사이에 있으며, 지면에 떨어지는 빛이 반사돼 생기기 때문에 지면색의 영향을 많이 받는다. 최암부나 그림자보다 밝아야 한다.

⑥ **그림자**: 물체가 빛을 막아 생기는 바닥에 드리워진 어두운 부분이다. 빛을 소실점으로 해 형태가 잡히며, 빛의 반대 방향에 생긴다. 물체의 형태를 암시한다. 물체와 바닥이 접촉된 면이 가장 진하며, 멀어질수록 옅어지고 주광과의 거리가 멀어질수록 그림자의 경계선도 흐릿해진다.

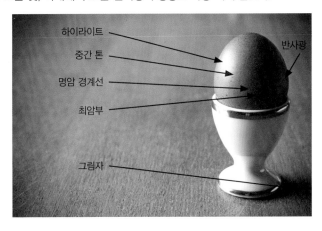

|3| 입체에 적용하기

1_ 형태를 명암으로 묘사할 때는 명
암의 단계를 가장 밝은 부분부터
어두운 부분까지 5∼8톤으로 나
누고 물체의 형태를 크게 쪼개 적
용한 후에 하는 것이 좋다.

2_ 해당 명암 법칙은 형태가 달라지거나 개수가 늘어나더라도 유효하다.

© Still-life with Lemons Oranges and Rose(Francesco
Zurbaran, 1633)

강의 노트

명암 단계가 너무 적으면 입체감이
잘 표현되지 않는다.

1_ 모든 색에는 그 물체가 갖고 있는 고유 명도가 있다.

2_ 색의 명도는 입체뿐 아니라 배경의 원근을 표현할 때도 중요하다. 초보자는 사용할 수 있는 명암의 범위가 좁아 다양한 물체를 묘사하는 데 많은 어려움이 있다. 빛으로 원근을 표현하면서 물체의 고유 명도 또한 나타날 수 있도록 해야 한다. 고유 명도가 달라지면 흰색 꽃이 보라색 꽃처럼 보이는 것처럼 다른 색으로 인식된다.

3_ 자주 사용하는 컬러가 있다면 사진을 찍어 흑백으로 바꾼 후 명도 값을 스포이트로 찍어보고 그 물체가 주로 어떤 명도 값으로 이뤄져 있는지 관찰해둔다. 비슷한 명도라 하더라도 색상 차이에 따라 구분할 수 있다. 그러나 흑백 단계에서는 물체의 고유 명도를 고려해 명암 대비를 분명하게 표시하는 것이 좋다.

4_ 다음은 고유 명도를 유지하면서 디테일을 올린 필자의 작업물이다.

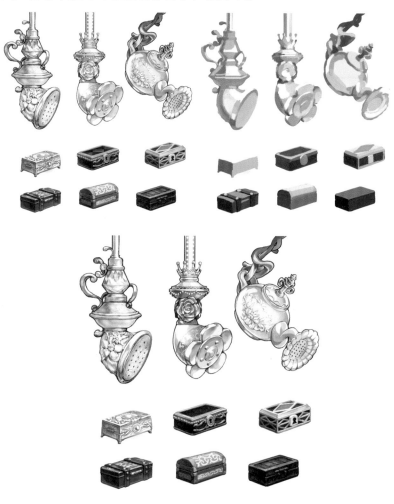

출처: ㈜OWLOGE, Copyright by Team D.T.R

강의 노트

이미지 보드 속 자료의 명암 대비가 어떻게 이뤄져 있는지 잘 관찰해야 퀄리티를 안정적으로 조절할 수 있다.

▲ 자료

▲ 필자의 작업물

다양한 빛과 그림자

명암은 주광의 위치와 밝기에 따라 다양한 분위기를 전달할 수 있다. 주광선의 소실점을 기준으로 그림자의 위치가 잡히는 것에 유념한다. 그림자는 항상 빛의 반대편에 존재한다.

빛의 종류 STEP 01

가장 많이 사용되는 다섯 가지 빛의 종류를 알아두자.

|1| 기본 빛

기본 빛(Nomal Light)은 빛의 기준이 되는 이미지다. 하이라이트는 제외하고 구의 곡면과 박스가 꺾이는 부분을 최소한의 명도로만 표현했다.

|2| 사광

사광(Plane Light)은 물체 고유의 형태가 가장 객관적으로 드러나기 때문에 입체와 색을 강조하고 싶을 때 사용한다. 빛이 상단에서 들어오기 때문에 원경을 어둡게 하고, 바닥을 밝게 한다. 이와 반대로 물체는 윗면을 밝게, 아래는 어둡게 해야 하며, 명암 대비를 사용하면 물체의 실루엣을 선명하게 만들 수 있다.

|3| 측광

측광(Side light)은 입체감을 강조하기에 좋다. 윤곽선을 강조해 형태를 전달하는 디자인에 자주 사용한다. 빛을 측면에 만들었기 때문에 그림자도 반대 방향으로 길게 늘어진다. 하이라이트의 면적은 물체 옆면의 실루엣을 타고 들어간다. 하이라이트 뒷면을 어둡게 하면 명암 대비가 강조돼 측광 포인트를 강조할 수 있다. 뒤쪽에 사선으로 내려가는 어두움을 깔면 자연스럽다.

|4| 역광

역광(Back light)은 물체의 윤곽선을 이용해 일출, 석양이나 종교적인 분위기, 이야기의 시작점과 같은 특정 상황에 자주 사용한다. 그림자를 포함해 실루엣의 리듬감이 강조되는 형태로 구성해야 한다. 빛이 시작되는 물체의 뒤쪽에 있기 때문에 경계선의 명암 대비가 가장 뚜렷하다.

|5| 약광

약광(Dim light)은 희미한 빛을 이용해 근경의 특정 부분만 강조하기 위해 사용한다. 물체의 형태나 색보다 명암의 차이로 나타난 빛의 실루엣이 중요하다. 그렇기 때문에 빛 내부의 명도는 날아가듯 밝게 처리하고 그림 전체 빛의 양이 적기 때문에 어두운 톤도 실루엣을 미약하게 구분할 수 있는 정도의 디테일만 그려주고, 남은 부분은 생략하는 것이 좋다.

|6| 결과물

다음은 위 다섯 가지를 포함해 여러 빛의 종류를 한 그림에 담아본 것이다.

|7| 정물화 관찰하기

바니타스(Vanitas)를 소재로 하는 정물화처럼 사물의 상징적인 의미를 강조하는 그림은 빛과 어둠을 어떻게 사용해 물체를 강조했는지 관찰하기 좋다.

ⓒ Vanitas, natura morta(Pieter Claesz, 1630)

명암으로 원근감 표현하기 STEP 02

|1| 원리

1_ 배경에 깊이감을 넣으려면 화면 안에 명도로 원근감을 만들어야 한다. 이 방법은 대기 원근법(aerial perspective)이라 불리며, 레오나르도 다 빈치(Leonardo da Vinci, 1452~1519)에 의해 정리됐는데, 기본 원리는 공기 중에 있는 여러 가지 이물질로 인해 거리가 멀어질수록 입자가 겹쳐 물체가 뿌옇게 보이는 것을 회화에 적용한 것이다. 흑백사진 속 산맥이나 스모그가 많은 빌딩 숲 사진에서 쉽게 관찰할 수 있다.

2_ part 02에서 투시 원근법이 선의 수축을 이용해 원근을 만들었다면 명도는 공기의 색을 섞어 가까이 있는 것은 진하게, 멀리 있는 것은 점점 흐리게 처리하는 것으로 원근감을 만들 수 있다.

가장 밝은 흰색과 가장 어두운 검은색은 디테일을 위해 남겨두고 거리를 만들 때는 사용하지 않는다.

|2| 예시

1_ 선으로 원근감이 정리된 스케치를 가져온다.

2_ 스케치를 근경에서 원경까지 나누고, 뒤로 갈수록 흐리게 처리한다.

3_ 명암에서 검은색과 흰색을 제외한 후 근경에서부터 저명도, 고명도 순으로 색을 채워 거리감을 만든다.

4_ 이 그림의 레이어를 박스 안에 정렬한 후 약간 옆에서 보면 오른쪽과 같다.

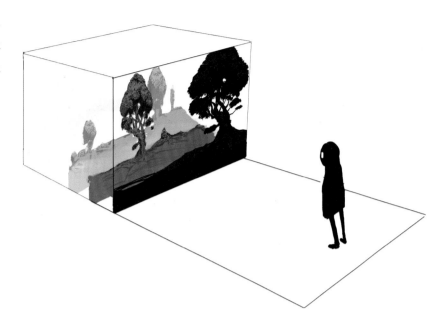

① 명도를 단계로 나눠놓는 것이 사용하기 쉽다.

② 근경부터 명암 단계를 저명도(어두움), 고명도(밝음) 순으로 칠한다.

③ 선명한 흰색과 검은색은 원근을 나타낼 때 사용하지 않는다. 원근을 잡은 후 명암 대비를 위한 디테일 표현에 사용하는 것이 좋다.

④ 흰색과 같은 빛은 다음 그림처럼 강조하고 싶은 곳에 명암 대비를 만들면서 넣는다. 처음에는 그림자의 색만으로 원근을 표현하는 것이 좋다.

기본 이미지에 흑백으로 원근감을 만든 후 빛을 이용해 주제물에 명암 대비를 줘 시선을 집중시킨다.

|1| 근경의 빛

1_ 선으로 원근감이 정리된 스케치를 가져온다.

2_ 근경에서부터 원경까지 스케치 레이어를 5단계로 분리한 후 선을 점차 흐리게 한다.

3_ 인물 레이어는 잠시 꺼둔 후 명암을 차례대로 근경에 서부터 저명도, 고명도 순으로 칠한다.

4_ part 03에서 설명했던 것처럼 명암 대비가 강한 곳은 다른 곳보다 시선을 유도하기 쉽다.

5_ 시선이 유도되길 원하는 곳에 빛을 올려 명암 대비를 강하게 넣는다.

6_ 건물 사이에 안개를 넣어주듯 밝고, 어두움을 교차시켜 면
에 공간감을 만든 후 인물을 올린다.

|2| 중경의 빛

1_ 앞서 작업한 명도로 원근이 정리된 이미지에서부터
시작한다.

2_ 물체의 형태를 생각하면서 시선이 집중되길 바라는
곳을 중심으로 명암 대비가 강조되도록 빛을 칠한다.

3_ 건물 사이에 공간감을 추가해 입체감을 다시 정리한다. 명암 대비가 선명해져 중경이 돋보인다. 포인트는 난간으로 정했다. 아치의 선들이 시선을 고정시키는 데 도움을 줄 것이다. 그 주변의 디테일을 올린다. 인물은 포인트가 아니라 시선을 유도하기 위한 보조 장치기 때문에 어두운 그림자를 깔고 주변의 명암 대비를 약하게 해 시선이 가지 않도록 처리했다.

|3| 원경의 빛

1_ 원경의 빛은 역광으로 묘사했다. 역광은 물체의 내부 디테일보다 실루엣에서 나타나는 명암 대비를 강조해야 한다. 역광을 넣으려면 일단 그림의 전체 명도를 낮춰야 한다. 빛은 어둠이 있어야 쉽게 만들 수 있기 때문이다.

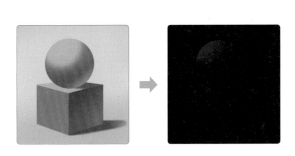

2_ 화면의 가장 뒤쪽에 광원을 설정한 후 강렬한 빛이 폭발하듯 그렸다.

3_ 역광으로 만들어진 구조물의 실루엣을 섬세하게 묘사했다(건물 틈에서 새어나오는 빛을 추가했고, 바닥에 난 풀의 경우 빛이 투과시키거나 반사되는 부분을 그렸다). 신비로운 느낌을 강조하기 위해 전체에 빛 입자를 표현했다.

강의 노트

① 시선이 집중되길 바라는 곳에 명암 대비를 사용한 예시 1

왼쪽 그림은 일러스트의 주제가 인물이기 때문에 배경과 인물에 강렬한 명도 대비를 만들었다. 오른쪽 그림은 게임 리소스로, 중앙에 캐릭터(나비)가 등장하는 연출이 있기 때문에 캐릭터를 생각해 배경의 명암 대비를 약하게 했다.

② 시선이 집중되길 바라는 곳에 명암 대비를 사용한 예시 2

3

명암을 잘 다루기 위한 연습

명암을 잘 다루기 위해서는 고, 중, 저명도 안에서의 디테일 표현에 익숙해야 한다. 각기 제한된 명도로 사진을 모작해보는 방법을 이용하면 도움이 된다.

고, 중, 저로 명암의 영역을 제한해 그리기 STEP 01

1_ 위 그림을 4개의 고명도만으로 표현한다.

2_ 4개의 중명도 안에서 같은 디테일을 표현해본다.

3_ 4개의 저명도로 같은 사진을 참고해 디테일을 표현한다.

4_ 이제 앞에서 사용한 모든 명도 단계로 사진의 디테일을 모작한다.

5_ 이제 이미지의 Ctrl+L을 눌러 각 이미지의 레벨 값을 조정한다. 가장 왼쪽에 있는 ▲를 오른쪽 또는 왼쪽으로 드래그하면서 확인한다.

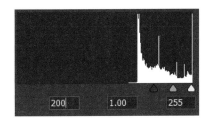

6_ 디테일을 자연스럽게 그려내지 못하면 다음 그림처럼 레벨 값을 가산하거나 감산했을 경우, 부자연스러운 부분이 강조돼 나타나기 때문에 어떤 부분이 문제인지 쉽게 알 수 있다.

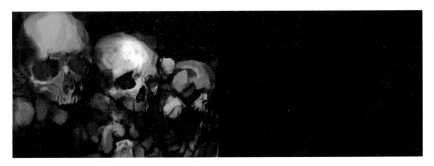

7_ 만약, 각 명도 안에서 명암을 잘 표현했다면 화면 안에 레벨 값을 얼마나 가산하든 다음 그림처럼 빛과 어두움이 형태의 표면을 타고 흐르듯 원근의 자연스러움이 유지된다.

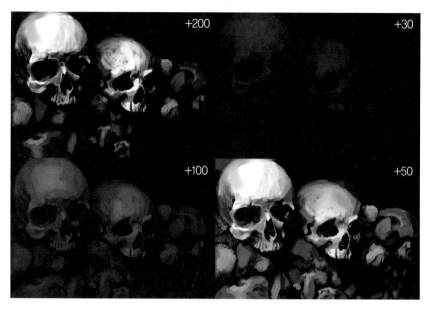

사진 참고해 흑백으로 그리기

STEP 02

사진을 참고해 명암 관계를 연구하면 배경의 공간감을 표현하는 데 많은 도움이 된다. 컬러를 그리면 난이도가 올라가므로 흑백부터 연습하는 것이 좋다.

1_ 배경과 그리고 싶은 구성물 몇 개의 자료를 찾는다.
배경은 근원이 확실한 것이 좋고, 구성물은 광원의 방향이 같고 역광 또는 측광의 빛이 선명한 것이 좋다.

2_ 배경의 나무와 바닥, 언덕의 명암 단계를 구분해 실루엣 위주로 그림을 그린다.

3_ 앞의 해골 이미지에서 제한된 명암 단계 안에서 디테일을 정리했던 것처럼 디테일을 그린다. **2**에서 명암으로 만든 원근을 해치지 않도록 주의한다.

4_ 포인트가 되기에 적합한 위치(part 02의 '인물 구성 위치' 참고)에 소녀와 미어캣을 넣는다. 명암을 뚜렷한 빛의 실루엣과 그림자로 강조해 시선을 집중시켰다.

BACKGROUND IMAGE

많은 사람이 그림의 첫인상을 색으로 인식한다. 색을 잘 이용하면 보는 이의 감정
적인 부분까지 깊이 다가갈 수 있다. 구성과 투시가 그림의 크고 작은 틀로서 안
정감을 준다면, 색은 전달력을 결정짓는다.

05

색과 질감

1

색

그림을 공부할 때 사람마다 습득하는 속도의 차이가 가장 큰 부분이다. 색을 구성하는 명도와 색상, 채도들의 특징과 대비를 이해한 후 목적에 걸맞은 효과적인 배색법을 이용해 그릴 수 있어야 한다. 적용하기가 무척 어렵기 때문에 많은 분석과 연습이 필요하다.

색의 원리 STEP 01

색은 명도(Value), 색상(Hue), 채도(Saturation) 세 가지로 구성된다.

|1| 명도

밝음과 어둠을 나타내는 명암 값이다. 배경에서는 거리감을 제시하며, 명암 대비로 시선 이동을 유도한다.

고명도   중명도   저명도

|2| 채도

색상 값의 선명도다. 채도가 높을수록 강렬한 인상을 주고, 낮을수록 그림이 흐릿해진다.

저채도   고채도

흰색과 검은색을 혼합해 명도의 베리에이션을 만들고, 명도에 붉은색(Hue)의 채도가 들어가면 다음 그림처럼 색의 명도와 채도 변화를 관찰할 수 있다.

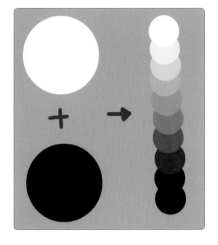
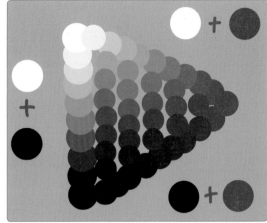

명암과 채도를 이용해 대비를 만들면 색이 풍부해 보이도록 할 수 있는데, 대비가 적은 색은 흐려져 디테일을 올리기 어렵기 때문에 중간중간 명도와 채도의 대비를 강조함으로써 단조롭지 않게 만들어야 한다. 오른쪽 그림처럼 지그재그 방향으로 색을 뽑아내는 것이 좋다.

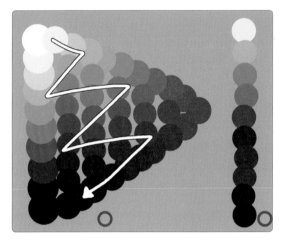

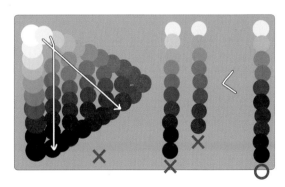

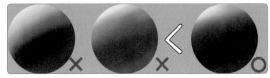

배경에서 공간감을 표현하려면 뒤로 수축하는 연출을 가능하게 해주는 색이 더 필요하다.

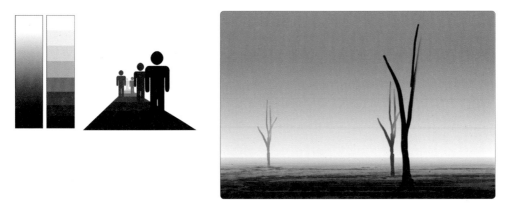

다음 그림처럼 뽑았던 색에서 전체 채도를 낮춘 후 가정한 공기의 색(다음 그림의 흰색)을 가산해가면서 한 번 더 채도 대비와 명도 대비를 조절한다.

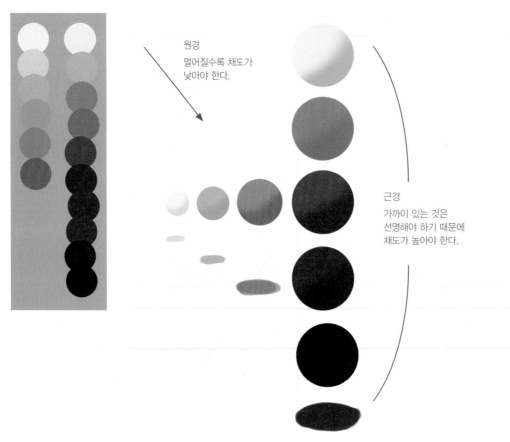

원경
멀어질수록 채도가
낮아야 한다.

근경
가까이 있는 것은
선명해야 하기 때문에
채도가 높아야 한다.

|3| 명도 위에 알맞은 색 입히기

1_ 명도로 원근감을 정리한 그림에 색을 입혀보자.

2_ 위 컬러를 근경과 원경을 구분해 명도 값이 비슷한 위
치에 올린다.

3_ 원근에 따라 올려준 컬러를 그대로 칠한 후 오브젝트 사이를 근경, 중경, 원경으로 나눠 경계선 바닥에 깔린 안개를
넣듯이 공기 원근을 추가한다.

|4| 색상

빨강, 주황, 노랑, 녹색 등과 같은 고유한 색의 이름이다. 색상을 잘 사용해야 평면상의 그림을 입체적이고 아름답게 만들 수 있다.

1_ 페인팅을 목적으로 하는 색은 빨강, 파랑, 노랑 세 가지 색의 혼합으로 만든다. 모든 색을 합치면 각 색의 명도가 가산되면서 색상이 사라져 검은색만 남게 된다. 색을 입체감 있게 그리고 싶다면 다음 그림의 혼합 원리를 반드시 외워야 한다.

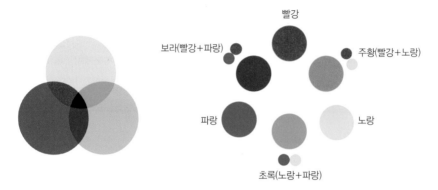

2_ 색상을 입체감 있게 사용하려면 어떤 색을 선택하는지가 중요하다. 색의 선택이 중요한 이유는 다음 그림처럼 색을 혼합할 때 색상을 고려하지 않으면 회색 베이스의 색이 나오고 그림이 평면적으로 보이기 쉽기 때문이다(포토샵에서 색상을 조절하지 않고 페인팅한 색의 중간 색을 스포이트로 찍어 그릴 경우, 이런 색조가 나오기 쉽다).

그림을 회색 베이스로 그릴 경우, 그림 안에서 표현할 수 있는 분위기도 단조로워지기 때문에 다음 이미지처럼 색상을 염두에 두고 조색해주는 과정이 반드시 필요하다.

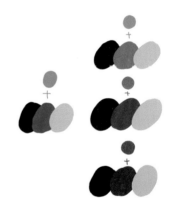

3_ 밝은 면과 어두운 면을 기준으로 색의 계열을 차가운 색(파랑), 따뜻한 색(노랑, 빨강)으로 나눠 대비를 추가하면 색을 쉽게 입체적으로 사용할 수 있는데, 이를 '한난 대비'라고 한다. 노란색은 따뜻하며 가볍고 팽창되며 같은 명도에서 더 밝아 보이는 특성이 있고, 파란색은 차갑고 무겁고 수축되며 같은 명도에서 더 어두워 보이는 특성이 있기 때문에 빛과 그림자의 느낌을 살리기에 유용하다.

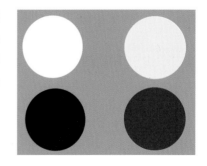

- 밝은 면을 칠할 때: 명도를 가산하고 노란색을 더하면서 칠한다(주로 노란색을 권장하지만 빨간색으로 대체 가능).
- 어두운 면을 칠할 때: 명도를 감산하고 파란색을 더하면서 칠한다.

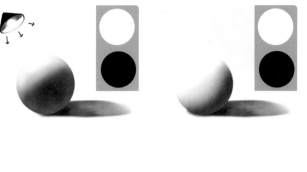

4_ 색을 사용할 때는 채도와 명도, 색상의 대비를 모두 활용해야 한다.

다음 그림은 왼쪽에서 첫 번째부터 채도만 박스를 표현한 것이고, 두 번째는 명도, 세 번째는 채도＋명도, 네 번째는 밝은 면의 색상에 노란색을 가산한 것이며, 다섯 번째는 네 번째 박스에서 어두운 면에 파란색의 색상을 가산한 것이다. 나열된 박스들 중 색상이 가산된 박스들이 훨씬 입체적이라는 것을 알 수 있다. 자기 그림이 탁하다는 느낌을 받는 사람은 색상의 단계를 조절하지 않고 채도 또는 명도 대비만 놓고 그림을 그리는 경우가 많다. 탁한 것이 싫은 사람은 밝은 면과 어두운 면에 색상 대비를 추가하는 것이 좋다.

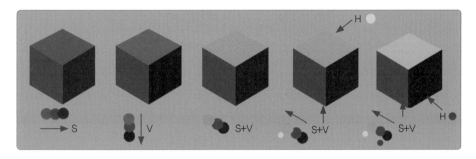

5_ 밝은 면의 색을 칠할 때는 노란색 쪽, 어두운 면을 칠할 때는 푸른색 쪽으로 옮긴다.

6_ 노란색의 경우, 밝은 면에서 대체할 색상이 없다. 따라서 명도를 올려 흰색을 가산한다. 어두운 면은 노란색보다 푸른 색이 들어가기만 하면 어떤 색이든 어울린다.

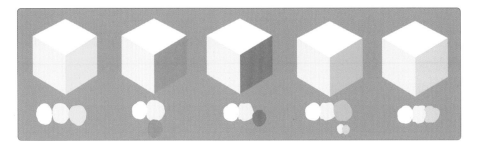

7_ 푸른색의 경우, 어두운 면에서 대체할 색상이 없다. 따라서 명도를 낮춰 검정을 가산한다.

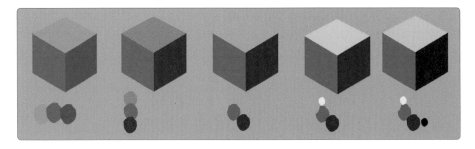

강의 노트

반드시 채도와 명도만 사용해 그림을 그려야 하는 경우라면 바탕의 색을 흰색 또는 검은색으로 만들어 실루엣 자체를 강조하는 방법도 있다.

8_ 다음은 일곱 가지 색의 사각 박스 배색을 예시로 든 것이다.

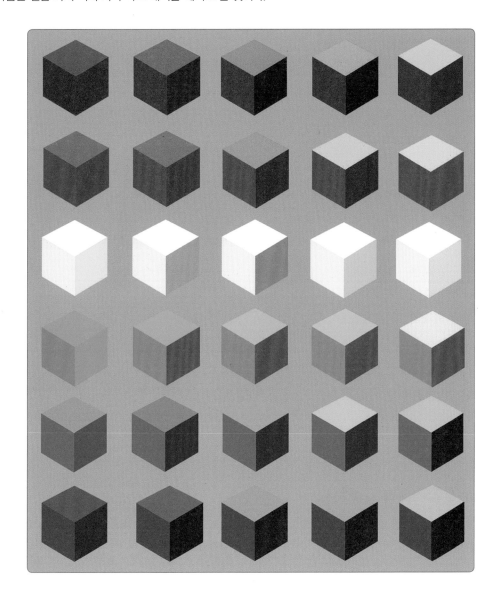

|1| 색상을 대비시키는 이유

색은 명도와 채도 외에 색상 대비를 추가로 넣어야 다양한 배색을 만들 수 있다. 그림 안의 색상을 어떤 색들로 조합하는지에 따라 그림의 분위기가 달라진다.

① 첫 번째 박스 안에서는 녹색과 붉은색이 매우 선명하게 나타나며, 두 번째 박스에서는 주황색과 붉은색이 합쳐져 서로 흐리지만 조화로운 느낌을 준다.

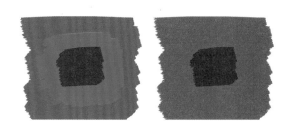

② 같은 색이라 하더라도 주변 색을 어떻게 배색하느냐에 따라 색의 느낌이 다르다. 왼쪽으로 갈수록 차분하고 정적인 느낌, 오른쪽으로 갈수록 활력 있고 동적인 느낌이 든다.

|2| 색상환의 보색과 조화 색

미국 화가 먼셀이 교육용으로 만든 원형으로 된 색 배열을 기본으로 설명한다.

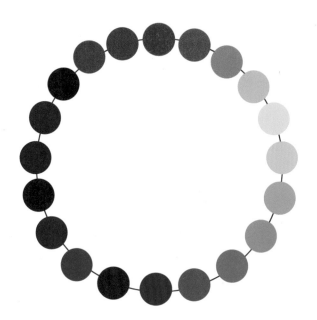

① 보색

색상환에서 대칭되는 색을 사용하면 양쪽의 색이 모두 돋보이는 강렬한 색 대비를 만들 수 있다. 이를 '보색 대비'라고 한다. 모든 색상환에서는 선택한 색과 대칭되는 한난 대비가 들어가 있다. 색이 가진 분위기를 동적으로 강조하는 배색에 많이 사용한다.

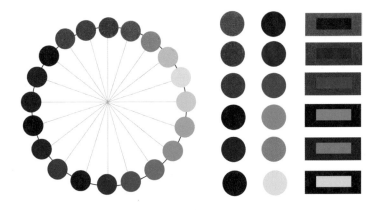

② 조화 색+명암 대비

조화 색은 침착하고 정적인 느낌을 내는 배색에 사용된다. 색상환에서 근접한 색끼리 모아 배색한다. 조화 색을 사용해 배색할 경우, 색상 대비가 약하기 때문에 그림이 흐려 보이기 쉬워 명암 대비를 강하게 사용하는 것이 좋다.

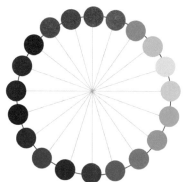
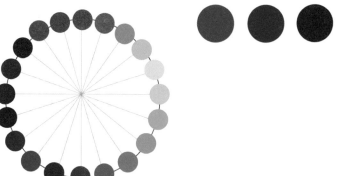

강의 노트

사진상에서 그림자를 한난 톤으로 바꿔 모작해보는 것도 색을 입체적으로 페인팅하는 데 도움이 된다.

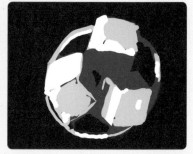

|1| 팔레트 만들기

1_ 팔레트를 만들 때는 주제가 되는 핵심 컬러를 하나 정해 놓아야 한다. 이때 핵심 컬러는 그림에서 가장 많은 면적을 차지하는 색 또는 포인트로 만들고 싶은 색을 선택한다. 많은 면적을 차지한다는 건 그림의 분위기를 좌우하고, 포인트 색은 주제를 암시하기 때문이다. 다음 그림의 팔레트에서 핵심 컬러는 빨강이다.

• 분위기가 정적일 경우: 조화 색+명
  암 대비 위주
• 분위기가 동적일 경우: 보색+명암
  대비에도 한난 대비를 강하게

분위기가 정적일 경우   분위기가 동적일 경우

2_ 밝은색으로 갈수록 고명도의 노란색, 어두운 색으로 갈수록 푸른색을 가산한다. 다음 이미지는 핵심 컬러를 청록색으로 결정, 동적인 느낌을 위해 주황색으로 색상 대비를 잡고 명도와 채도, 색상을 가산하면서 결정한 팔레트 예시다.

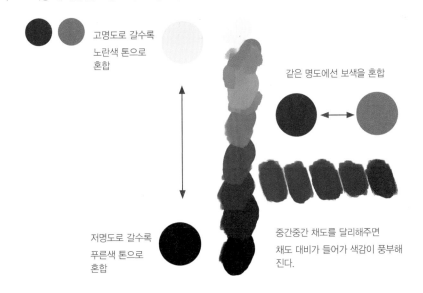

고명도로 갈수록
노란색 톤으로
혼합

같은 명도에선 보색을 혼합

저명도로 갈수록
푸른색 톤으로
혼합

중간중간 채도를 달리해주면
채도 대비가 들어가 색감이 풍부해
진다.

3_ 오른쪽은 명도와 채도를 설명한 그림
에 색상을 추가로 가산해 배색을 바꾼
그림이다.

|2| 필자의 배색법 1 – 정적인 분위기

1_ 배색은 그림 안에서 보는 사람의 시선이 흘러가길 바라는 방향으로 색상 대비+명암 대비를 강조한다. 눈에 띄지 않
아야 하는 부분은 색상 대비를 줄여가면서 명암 대비만 남긴다.

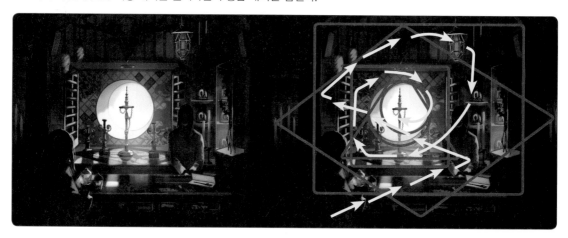

2_ 그림의 팔레트는 다음과 같으며, 포토샵의 필터를 이용해 이미지의 색
을 요약했다. 색상 대비와 명암 대비가 앞 이미지의 구성적인 선(빨간
색 선)과 시선 이동(노란색 선)을 중심으로 배치돼 있는 것을 확인할
수 있다.

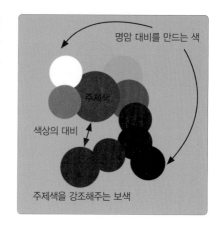

명암 대비를 만드는 색

주제색

색상의 대비

주제색을 강조해주는 보색

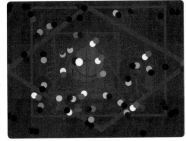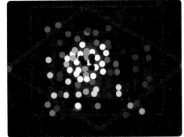

명암 대비를 관찰하기 위한 이미지   색상 대비를 관찰하기 위한 이미지

|3| 필자의 배색법 2 - 동적인 분위기

필자는 조화 색으로 바탕을 깐 후 보색으로 동적인 느낌을 강조하고, 색의 사이를 풀어주는 중간 색을 추가하는 배색 방식을 선호한다.

1_ 바탕이 되는 조화 색 계열의 팔레트를 만든다.

2_ 조색한 팔레트의 색으로 배경을 그린다.

3_ 그림 안에 주제를 강조할 수 있는 구성적인 선을 분석한 후
    시선을 유도할 위치를 선으로 잡는다.

4_ 보색 위치에 있는 노란색, 보색, 조화 색 사이에 있는 중간 색을 기존의 색과 혼합해 팔레트에 추가한다. 그림에서 시선을 가장 집중시키고 싶은 곳에 사용할 색은 한난 대비를 강하게 준다.

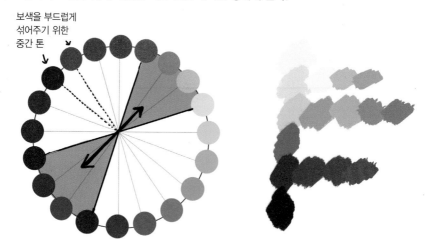

보색을 부드럽게
섞어주기 위한
중간 톤

5_ 추가한 색으로 디테일을 올린다.

|4| 필자의 배색법 3 - 오브젝트

1_ 배경에서 가장 많이 그리는 소재인 바위의 스케
치를 그렸다.

2_ 밝은 면과 어두운 면을 칠한다. 바닥까지 모두
칠해주는 것이 자연스럽다. 포토샵의 기본 브러
시를 사용했다.
- 밝은 면: 노란색 또는 붉은색이 많이 들어간 색
- 어두운 면: 푸른색 또는 회색 계열

3_ 앞의 바위는 밝은 노란색을 섞어 빛이 닿는 면
을 묘사해주고, 그림자도 한 톤 진하게 칠한다.
뒤쪽 바위에는 채도를 낮춘 색을 사용해 색의 원
근을 넣는다. 건조한 질감을 칠할 때는 투명도가
없고, 구멍이 뚫려 있는 것처럼 딱딱한 텍스처가
적용된 브러시로 디테일을 넣는다.

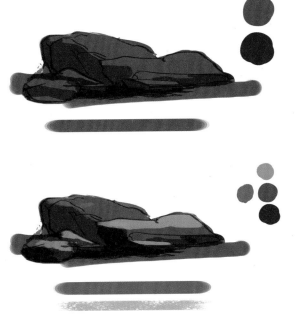

강의 노트

바위나 구름, 물처럼 불규칙적인 형태의 사물일수록 그리기 어려우므로 초보자는 반드시 사진을 여러 장 놓고 공통점을 분
석해보는 노력을 해야 한다.

4_ 형태가 면으로 대략 정리됐다면 스케치 선을 지운다.

5_ 그림자 면과 빛이 닿는 면을 쪼개듯이 디테일을 올려준다. 풀을 그리기 전에 풀빛을 근경의 바위 반사광 위치에 넣어준다. 디테일이 중요한 곳은 필압이 낮은 날카로운 브러시, 그 외의 부분은 투명도가 높은 브러시로 풀어주듯이 칠한다.

6_ 풀을 그려 추가한 후 디테일을 더 쪼갠다. 꺾인 면에 하이라이트를 점을 찍듯이 추가해 뾰족하게 묘사한다.

색은 적게 쓸수록 사용하기 쉽다. 무지개처럼 빨주노초파남보와 같은 여러 색을 보기 좋게 쓰는 것은 매우 어렵다. 배경에서는 그림이 쉽게 촌스러워질 수 있다. 다양한 색을 사용해야 할 경우에 권장하는 방법은 다음과 같다. 고, 중, 저명도를 기준으로 정리했다. 반드시 지켜야 할 사항은 아니지만, 최소한 너무 많은 색을 써서 그림이 산만해지는 것은 막아줄 것이다.

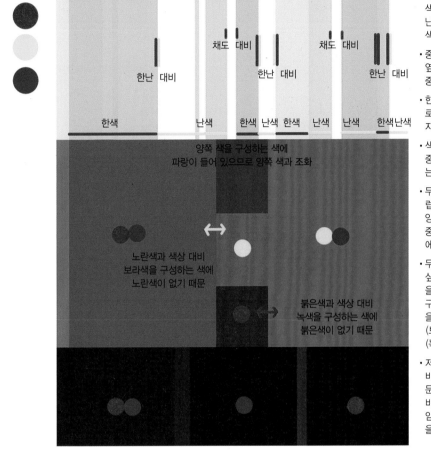

색의 삼원색

채도 대비

한난 대비

채도 대비

한난 대비

채도 대비

한난 대비

한색

난색

한색 난색 한색

난색

난색 한색난색

양쪽 색을 구성하는 색에
파랑이 들어 있으므로 양쪽 색과 조화

노란색과 색상 대비
보라색을 구성하는 색에
노란색이 없기 때문

붉은색과 색상 대비
녹색을 구성하는 색에
붉은색이 없기 때문

- 고명도에서는 색상의 대비가 뚜렷하기 때문에 색상과 채도 대비에 한난 대비를 넣으면서 배색하는 것이 좋다.

- 중간 톤을 넣고 싶다면 옆색이 가진 색의 원색 중 하나를 넣기

- 한색→난색→한색 배치로 가야 배색이 답답하지 않다.

- 색을 강조하고 싶다면 중간 색으로 흰색을 넣는 것을 권장

- 두 색(보라, 초록)을 부드럽게 조화시키고 싶다면 양쪽 색을 구성하는 색 중 공통된 원색을 사이에 넣기(파랑)

- 두 색의 대비를 추가하고 싶다면 강조하고 싶은 색을 선택한 후 기존 색을 구성하는 색에 없는 원색을 넣기
(보라 강조–노랑)
(녹색 강조–빨강)

- 저명도로 갈수록 색상 대비가 드러나지 않기 때문에 삼원색 위주로 대비하거나 조화하면서 명암 대비를 강조하는 배색을 권장

1_ 명암 차이를 적게 두고 조화 색의 범위를 크게 둔 후 고명도의 색상 차이로 그림의 디테일을 표현할 경우 오른쪽 그림처럼 몽환적인 특성이 나타난다.

2_ 횡 스크롤 뷰에서는 캐릭터가 돋보이도록 하기 위해 명암 대비를 크게 하지 않는 것이 좋다.

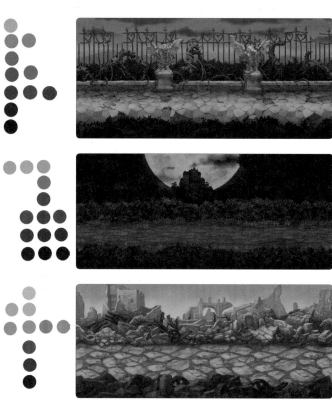

|1| 명화의 색 조색하기

내가 참고하길 원하는 이미지의 색을 보고, 그 색이 어떤 색인지 판단하며 조색해 페인팅하는 것을 말한다. 좋아하는 그림을 보고 눈으로 보는 색과 머리에서 판단하는 색의 차이를 좁히는 연습을 하면 조색 능력이 좋아진다. 그림의 색은 착시로 구성돼 있기 때문에 100% 정확한 색을 뽑기는 힘들다. 그러나 최대한 이와 비슷한 색을 만들 수 있게 되면 조색이 안정적으로 나오기 때문에 성장 속도가 빨라진다.

1_ 좋아하는 색감의 그림을 가져온다.

2_ 20가지 내외의 색의 위치를 정한다. 최대한 다양한 색의 위치를 잡는다.

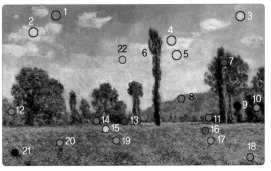

3_ 스포이트를 찍지 않고 컬러 바에서 조색하면서 1번부터 색을 하나하나 만들어나간다.

4_ 이미지에서 스포이트로 색을 추출해 조색한 색 옆에 칠하고, 색과 색의 차이를 관찰한다.

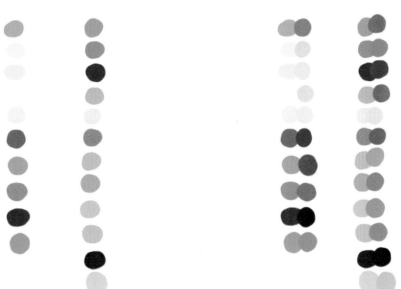

|2| 명화 속 원근 표현 연습하기

공기 원근이 어려운 사람을 위한 방법이다. 앞에서 조색을 공부한 같은 명화의 배색을 연구하면 공기 원근을 쉽게 익힐 수 있다.

1_ 근경, 중경, 원경이 뚜렷하게 나뉜 이미지를 가져와 원근에 맞는 색을 뽑아낸다. 색의 개수는 근경에서 원경으로 갈수록 줄어들어야 한다.

2_ 바탕색을 칠한 후 팔레트의 색을 이용해 점차 작아지는 도형을 그린다. 근경은 가장 선명하게 보여야 하기 때문에 한난 대비와 명암 대비를 강하게 잡고, 뒤로 갈수록 명암 대비와 색상 대비가 줄어들어 공기의 색과 조화되는 원근감을 만들어야 한다.

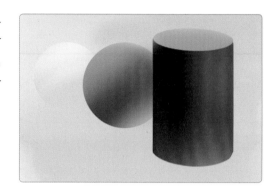

|3| 명화를 이용한 배색 연습

보색과 조화 색의 배색 이론은 배웠지만, 이를 적용하기 어려운 사람은 명화의 배색 패턴을 모작해보거나 삼원색의 한난 영역을 구분해보는 것이 도움이 된다.

1_ 조색 연습법을 이용해 명화에서 근경, 중경, 원경을 고르게 조색한다. 필자는 18가지 색을 조색했다.

2_ 명도와 채도 순으로 정렬해 팔레트화한다. 색의 고유 명도를 따로 스포이트로 찍지 않고, 눈으로도 단계별 정리를 할 수 있게 되면 스케치 이후에 원근에 맞는 색을 바로 조색해 디테일을 표현하는 어려움이 줄어든다.

3_ 정리한 팔레트의 색을 이용해 최대한 원본과 비슷한 느낌으로 그림을 아주 작게 축소했을 때 원본과 비슷한 인상을 전달하는 정도만 모작한다. 가장 강렬한 색상과 명암 대비, 그 사이를 정리하는 중간 색들의 흐름을 관찰하면서 칠한다.

4_ 색의 삼원색과 명암 톤을 해당 영역에 표시한 후 그림의 한난 대비와 명암 대비의 흐름을 공부한다.

|1| 색을 회색 베이스로 사용

1_ 스케치를 잘해 안정된 형태와 실루엣을 만들더라도 밝은 면과 어두운 면의 한난 대비가 부족하면 그림이 답답해 보인다. 그림 전체를 회색 베이스로 그리지 않도록 해야 한다.

색상의 입체를 고려하지 않으면 의식적으로 나무색은 갈색이므로 갈색 계열, 가시의 색은 흰색이므로 흰색 계열로만 단조롭게 칠하기 쉽다.

2_ 오브젝트를 밝은 면과 어두운 면으로 나눈 후 밝은 면의 색조를 훨씬 다양하게 만들고 어두운 면으로 갈수록 푸른색을 가산해가면서 한난 대비를 추가해야 좋은 발색을 만들 수 있다.

오브젝트의 밝은 면 / 어두운 면을
한난 영역으로 구분하기

디테일에도
한난 대비 추가

팔레트의 명암, 채도, 색상 대비가
단조롭지 않은지 확인

|2| 공간감이 없는 디테일과 시선 이동의 부재

1_ 다음 그림은 같은 명도의 그림자가 근경, 중경, 원경의 구분 없이 칠해져 있어 원근감을 평면적으로 만들고 있다. 또한 구성은 시선을 가운데 방향으로 유도하고 있지만, 시선을 집중시킬 만한 색상 대비나 명암 대비가 없다. 주제의 강조 없이 보조적인 역할을 하는 동상과 창문의 디테일에 집중돼 있는 것도 좋지 않다.

2_ 다음 그림은 근경, 중경, 원경에 공기 원근을 섞어 명도를 다르게 함으로써 원근을 만들고, 시선이 이동되는 부분에 색상의 대비와 명암 대비를 추가하고, 그림 안의 선들이 가리키고 있는 주제물의 디테일을 올려야 한다. 근경에서부터 공간의 배색을 한톤 → 난톤 → 한톤 → 난톤 → 한톤 식으로 배치하면 그림을 효과적으로 좋아 보이게 할 수 있다.

강의 노트

순수한 흰색은 한색이다. 그러므로 고명도의 노란색 위에 흰색을 추가하면 한난 대비를 한 번 더 만들게 된다.

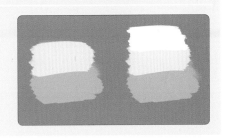

2

질감

사람은 색을 광원에서 출발해 사물에 반사돼 눈으로 들어오는 빛의 양으로 지각한다. 광원에서 출발해 물체에 닿는 빛의 반사와 흡수가 인간의 시각 세포에 작용된 결과가 시야에 보이는 것이다. 따라서 자연스러운 질감을 그리기 위해서는 빛의 반사 원리를 반드시 이해해야 한다.

빛의 원리 STEP 01

|1| 빛이 가진 색

① 빛은 빨주노초파남보의 총 일곱 가지 색으로 이 뤄져 있는데, 백색광을 삼각형의 프리즘에 통과 시켰을 때 나오는 빛의 스펙트럼에서 관찰할 수 있다.

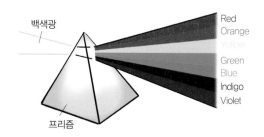

② 자연에서는 비온 뒤 하늘에 뜬 무지개에서 쉽게 관찰할 수 있다.

③ 빛의 삼원색

빛의 스펙트럼에서 빛 안에 존재하는 모든 색을 합치면 다시 백색광이 된다. 빛의 삼원색이라고 불리는 RED, GREEN, BLUE 세 종류의 빛의 색은 혼합할수록 밝아진다.

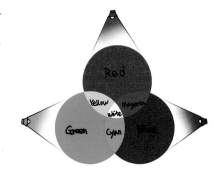

|2| 빛이 반사하는 색

빛은 광원에서 직선으로 출발해 물체의 표면에서 반사되거나 흡수되는 성질이 있다. 반사되는 빛은 눈으로 들어와 시각 세포를 자극해 우리 눈에 보이고, 남은 빛은 흡수돼 열과 같은 성질로 변환된다. 따라서 모든 물체는 빛을 받았을 때 그 물체가 가진 고유의 색만을 반사하고, 남은 색은 모두 흡수한다. 물체가 반사하는 빛은 주변 물체의 환경 색에 영향을 미친다.

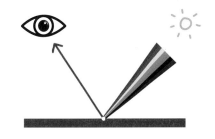

① 붉은 사과는 붉은색만을 반사하기 때문에 빨갛게 보인다.

② 레몬은 노란색만을 반사하기 때문에 노랗게 보인다. 남은 색들도 모두 이와 같은 원리다.

③ 예외로 흰색은 모든 빛을 반사한다. 그래서
   환경 광의 영향을 크게 받기 때문에 그림에
   흰색을 사용할 때는 주변 환경 광과의 영향
   을 고려해 색을 추가하는 것이 좋다.

④ 검은색은 흰색과 반대로 모든 빛의 색을 흡
   수한다. 그래서 물체의 색이 어두울 경우
   환경 광의 영향을 덜 받도록 묘사하는 것
   이 좋다.

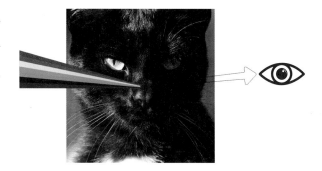

⑤ 맑은 하늘 아래 풀의 질감을 가진 박스 위에
   노란색 구를 올린 그림이다. 주변 환경에서
   반사된 빛에 따라 색이 조금씩 달라진다.

빛을 이용해 재질을 표현하려면 재질의 거칠기에 따른 빛의 반사와 투명도에 따른 빛의 투과도를 알아야 한다. 이를 잘 이용하면 재질을 다양하게 표현할 수 있다.

다음 그림은 표면이 거친 것부터 매끄럽고 투명한 것에 이르기까지 구에 적용된 빛의 차이를 명도 차이로 표현한 것이다.

|1| 난반사

① 광원에서 출발한 빛이 재질에서 반사돼 여러 방향으로 확산된다. 무광의 부드러운 재질에서 이런 반사가 나타난다.

② 하이라이트가 거의 없는 것처럼 보인다. 광원의 위치는 그림자로 알 수 있다.

③ 주변의 상이 재질에 맺히지 않아 반사광 표현이 선명하지 않다.

④ 환경 색은 재질의 고유 명도가 진할 경우, 거의 영향을 받지 않는다.

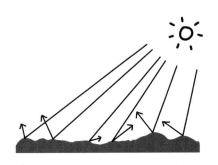 

⑤ 조약돌이나 종이, 부드러운 천이 이에 해당한다.

⑥ 여기서 거칠기를 표현하고 싶다면 파인 홈을 중심으로 명암을 추가한다. 명암의 격차는 물체의 표면 굴곡에 따라 빛이 닿는 부분과 그림자가 지는 부분이 생기기 때문에 나타난다.

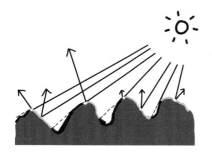

⑦ 빛이 닿지 않는 움푹 패인 곳을 어둡게 그려 준 후 빛이 닿는 부분을 밝게 처리하면 거친 재질을 그릴 수 있다. 파인 부분의 명암이 선명할수록 거칠어 보인다.

⑧ 재질을 드러내는 그림자는 빛의 방향에 따라 바뀐다.

|2| 정반사

① 정반사 재질은 난반사처럼 빛이 흩어지지 않고 일정하게 반사되기 때문에 주변의 상이 좀 더 구체적으로 맺힌다.

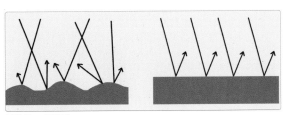

난반사 → 정반사

무광 재질 → 유광 재질

② 무광보다 눈으로 들어오는 빛의 양이 많아지므로 하이라이트의 위치가 선명하고, 반사광의 면적을 늘려 그려야 표면에 광택이 있어 보인다.

③ 표면이 매끄러운 재질일수록 정반사가 많아지기 때문에 환경 색의 영향은 더욱 선명해진다.

④ 주광색의 푸른색과 바닥의 주황 환경 색을 관찰할 수 있
   는 골프공이다.

⑤ 하이라이트가 뚜렷해져야 빛의 반사가 강해 보인다. 설
   정된 광원의 개수와 형태는 그대로 따라야 하며, 재질 안
   에서 다르게 그려지면 어색해 보인다.

⑥ 환경 색을 한난으로 배치할 경우, 그림에 한난 대
   비의 효과를 만들 수 있다.

⑦ 표면이 매끄러울수록 거울처럼 주변의 모습을 그대로 반
   사한다.

⑧ 나뭇잎의 앞면, 비 내린 직후의 돌길 풍경, 코팅된 종이, 매끄러운 금속 물질, 거울에서도 관찰할 수 있다.

|3| 투과도

① 모든 빛을 반사시키거나 흡수시키지 않고 그대로 투과시키는 성질을 가진 재질도 있다. 빛 투과율은 재질의 그림자와 환경 색에 많은 영향을 미친다.

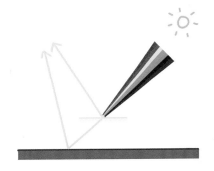

② 투명도가 있는 재질은 빛을 통과시키면서 고유색이 포함된 빛을 산란시켜 주변 환경 색에 많은 영향을 미친다. 다음 사진의 그림자를 보면 버터와 꽃, 체크무늬의 천에서 반사된 환경 색이 선명하다.

③ 투명도는 그림자에 가장 큰 영향을 미친다. 빛이 내부에서 굴절되면서 그림자 안에 재질의 고유색을 포함한 빛을 그려야 한다.

④ 특히, 채도가 높고 투과도가 큰 물체일수록 환경 색에 큰 영향을 미치기 때문에 그림자를 포함해 환경에 물체의 고유색을 포함시켜 칠해야 한다. 그 결과, 다음 이미지에서 꽃잎의 중앙 그림자는 가까운 꽃잎에서 투과된 그림자 색 때문에 짙은 채도를 가진다. 반면, 꽃잎의 표면은 난반사의 재질을 갖고 있기 때문에 하이라이트를 강하게 그릴 경우, 비닐처럼 보이기 때문에 좋지 않다.

⑤ 맑은 하늘에서 잎사귀가 많이 돋아 있는 나무를 역광에서 보면 그 투과도를 잘 관찰할 수 있다. 두꺼운 나뭇잎이나 풀의 경우, 앞면이 얇은 막으로 덮여 있어 정반사의 재질을 갖고 있기 때문에 광원의 위치에 따라 하이라이트를 그려주기도 한다.

|4| 투명도

① 투명도가 높은 재질일수록 재질 속 불순물이 적어 물체 뒤의 풍경이 잘 보인다. 정반사+투명도 이기 때문에 하이라이트가 선명하고 명암 대비도 크다.

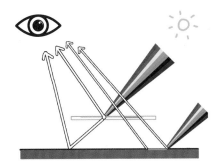 

② 유리나 구슬의 경우, 배경과 옅은 기본색을 먼저 그린 후 하이라이트와 그림자만 표현해도 괜찮은 디테일을 그릴 수 있다. 완전히 투명한 물질은 거울처럼 반사되는 빛의 상을 일부 그리는 것도 좋다.

③ 투명도가 높고 복잡한 모양일수록 물체 내부의 빛의 굴절 현상을 자연스럽게 묘사하기 어렵다. 초보자는 참고 이미지를 모아두고 작업하는 것이 좋다.

④ 수면의 경우, 거리에 따라 빛의 반사가 달라진다. 기본적으로 정반사지만, 유속이 빠를 경우 흔들리는 물결 때문에 주변의 상과 투과되는 물 아래의 풍경은 거의 보이지 않는다.

⑤ 유속이 낮고 공기가 잔잔하다면 수면의 가까운 곳은 바닥이 비쳐 보이고, 먼 곳은 거울처럼 주변의 상이 반사돼 보인다.

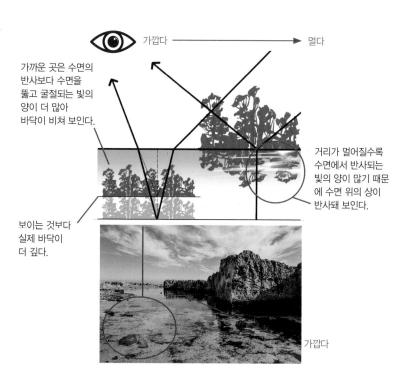

가깝다 ──────────────→ 멀다

가까운 곳은 수면의 반사보다 수면을 뚫고 굴절되는 빛의 양이 더 많아 바닥이 비쳐 보인다.

거리가 멀어질수록 수면에서 반사되는 빛의 양이 많기 때문에 수면 위의 상이 반사돼 보인다.

보이는 것보다 실제 바닥이 더 깊다.

가깝다

⑥ 유속이 잔잔할 경우, 수면의 먼 곳은 주변의 풍경을 거울처럼 반사되는데, 이때 1, 2점 투시에서는 수면 위의 이미지를 반전하는 것으로 쉽게 그릴 수 있다.

|1| 구름의 질감

구름은 멀리서 볼 때 아주 부드러운 솜처럼 보인다. 실제로는 수증기 덩어리기 때문에 빛의 투과율이 크고, 내부에서 산란되는 빛 때문에 하이라이트가 선명하지 않으며, 중앙이 가장 밝다. 구름이 아주 두껍거나 먹구름처럼 내부에 빛의 투과를 막는 물질이 많다면 광원의 반대편에 그림자가 짙어진다. 불규칙적인 특성 때문에 형태를 자세히 관찰하지 않으면 제대로 그리기 어렵다. 기본적으로 백색이기 때문에 광원색에 많은 영향을 받는다.

1_ 구름의 실루엣과 그림자를 먼저 칠한다. 너무 어두운 색을 사용하지 않도록 주의한다.

2_ 중간 톤을 큰 덩어리로 구분한다.

3_ 솜사탕을 그리듯 앞뒤를 구분해 작은 덩어리로 쪼갠다. 경계면이 명확해선 안 된다.

4_ 전체의 기본적인 명도는 모두 나왔다. 더 어둡거나 더 밝은색을 조색하지 않고 경계면을 연장하듯 디테일을 그린다. 모양이 정해져 있는 물체가 아니기 때문에 형태의 리듬감에 신경을 쓴다.

5_ 광원에서 출발하는 빛을 구름에 그린다. 백색의 브러시 투명도를 낮춰 빛이 닿는 부분에 칠하면 빛이 산란되는 느낌이 난다.

|2| 금속의 질감

금속은 반사율이 매우 높기 때문에 광원의 위치가 선명하고, 그림자의 명암 대비가 크며, 형태의 실루엣을 따라가면서 주변의 상이 쉽게 맺힌다. 아래로 갈수록 저명도의 색을 섞어 발라주면 무거워 보인다. 빛이 투과하지 않기 때문에 그림자를 선명하게 그리는 것이 좋다.

1_ 기본색의 덩어리를 실루엣 위주로 그린다.

2_ 그림자를 먼저 그리면서 디테일을 정리한다. 컵의 뒷면도 밝고 어두운 면을 구분한다.

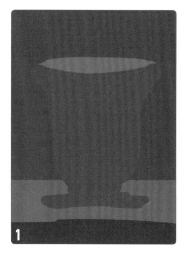 

3_ 명암 영역을 더 선명하게 구분하고, 색을 칠한다. 바닥에서 반사되는 빛이 닿는 부분에 환경 색을 칠한다.

4_ 어색하게 구분된 색과 색 사이를 섞으면서 디테일을 올린다.

5_ 하이라이트와 최암부 디테일을 섬세하게 조절한다. 환경 색을 바른 후 배경은 어두움→밝음으로 그러데이션 처리하면서 답답하지 않게 처리한다. 어두운 면에는 푸른색을 약간 가산해 맞춰 칠함으로써 한난 대비를 넣는다. 금속에 한난 대비를 강하게 넣을 경우에는 묵직한 분위기가 사라진다.

|3| 수정의 질감

수정은 굴절각이 크고 투명도가 높은 물질이다. 반짝거리거나 빛을 투과시켜 주변을 환하게 만들어야 수정의 특성이 드러나기 때문에 바탕색을 어둡게 깔아주고, 반사되는 면 위주로 디테일을 올리는 것이 좋다. 가공된 보석의 경우, 깎인 각이 많을수록 빛의 굴절도 많아지고, 디테일을 섬세하게 만들어야 인공적인 느낌을 넣을 수 있다.

1_ 고유 명도를 염두에 두고 실루엣을
　　그린다. 바탕색은 어둡게 깔아준다.

2_ 수정의 각을 밝은색으로 그린다.

3_ 광원을 설정한 후 투과된 빛을 미리 바닥에 칠한다.

4_ 내부에 그림자를 칠한다. 여기서 재질의 투명도에 따라 바탕색을 보여줄지, 재질의 그림자를 강조할지 선택해야 한다. 필자는 재질의 그림자를 선택했다. 만약, 투명도를 강조한다면 반대편 수정의 각도 그려야 한다.

5_ 수정의 불순물 디테일을 추가하고 수정의 색을 칠한 후 그림자에도 수정의 채도를 덧칠해주면서 완성도를 높인다. 광원의 개수에 따라 자잘한 빛을 넣기도 한다.

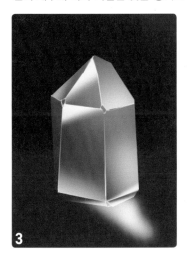
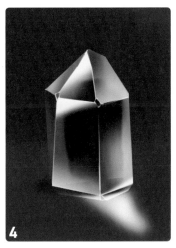

|4| 나무의 질감

1_ 녹색 베이스로 실루엣을 그린다.

2_ 가장 큰 면적을 차지하고 있는 나무
기둥의 디테일을 정리한다. 거친 브
러시로 명암의 톤을 나누고, 위쪽 나
뭇가지에는 나뭇잎들의 덩어리로 인
해 만들어진 그림자를 그려넣었다.
기둥의 그림자 부분에 푸른색의 반
사광을 넣어 한난 대비를 준다.

3_ 나무 기둥에 세부적인 결을 넣는다. 나뭇잎은 바깥으로 갈수록 잎의 뭉침이 적어지기 때문에 지우개로 지우고, 디테
일을 정리하면 가벼운 느낌이 들어 자연스럽다.

4_ 나뭇잎의 디테일을 정리한 후 근경의 풀을 그린다. 이때 풀의 색은 따로 조색하지 않고 바닥 색을 연장해 그리면 자
연스럽다.

5_ 빛을 좀 더 강조하고 나무 기둥 아래의 어색한 색을 푼 후 바닥 디테일을 정리하는 것으로 완성한다.

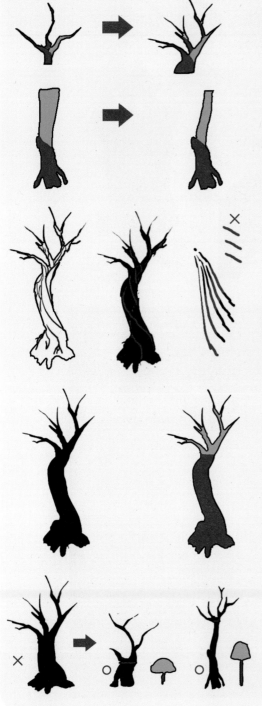

나뭇가지는 삼지창 모양으로 그리지 않는다.

나무 기둥은 위로 갈수록 더 얇게 그려야 한다.

나무 기둥에 결을 넣고 싶다면 기둥의 결이 상단의 어느 한 점을 향해 모이는 것처럼 그린 후 꽈배기처럼 이어주는 것이 좋다. 이 선을 연장시켜 가지를 그리는 것도 좋다.

나뭇가지와 나무 목의 길이는 비대칭인 것이 좋다.

비대칭이 나무 베리에이션과 스카이라인의 리듬감을 만들기에 좋다.

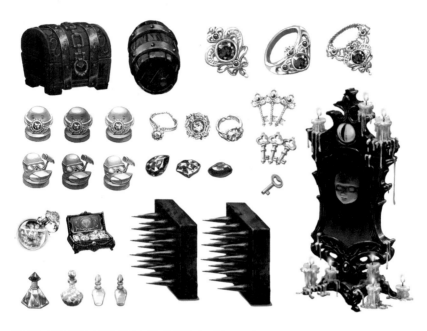

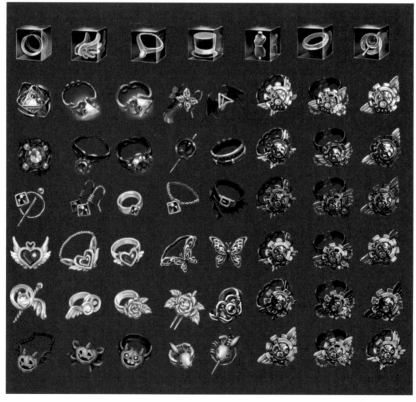

컬러 작업에 시간이 오래 걸리는 사람은 대부분 자세히 그리기 위해 그림을 확대해서 부분적으로 보면 그리는 습관을 갖고 있다. 이 습관을 고치고 작업 속도와 퀄리티를 향상시키기 위해서는 2시간 전후로 시간을 제한해 두고 이미지를 확대하지 않은 상태에서 전체를 보면서 최대한 완성도를 높이는 연습을 하는 것이 좋다.

BACKGROUND IMAGE

필자가 실제로 게임 제작에 사용한 리소스들의 제작 과정을 소개한다. 어떤 과정
을 거쳐 리소스가 만들어지는지 확인해보자.

06

실전 작업 과정

1 공중 정원

2점 투시의 스케치를 설명하기 위해 그렸던 그림을 채색하는 것으로 필자의 페인팅 방법을 설명한다.

기본 명도 정리 STEP 01

색을 칠하기에 앞서 명암으로 원근감을 만든다. 근경, 중경, 원경의 스케일이 큰 그림일수록 원근을 흑백으로 정리하고 가는 것이 좋다.

1_ 기존 스케치 파일을 꺼내온다.

2_ 하늘의 톤을 칠한다. 하늘은 멀어질수록 푸른색이 흐릿해지기 때문에 중앙을 흐리게 처리했다. 이 스케치는 진행 중인 이미지와 비교하면서 계획과 크게 달라지는 일이 없도록 참고하는 데 사용해야 하기 때문에 따로 저장해둔다.

> **강의 노트**
>
> 브러시는 약간 거친 재질로 브러시 자체의 투명도를 조절해가면서 사용한다.

3_ 주제물의 전체 명도를 정한다. 흑백으로 하늘과 주제물의 거리감을 잡는다. 빛이 들어가지 않은 그림자의 명도를 잡는다고 생각하면서 칠한다.

> **강의 노트**
>
> 옛날 흑백사진의 명도를 참고하면 도움이 된다.
>
>

기본 명도 정리가 끝났다면 전체적인 분위기를 염두에 두면서 큰 범위로 색을 바른다.

1_ 하늘의 색을 칠한다. 앞서 잡았던 흑백
명도에서 크게 어긋나지 않아야 한다.

2_ 하늘과 마찬가지로 처음 잡은 주제물
의 명도에서 크게 벗어나지 않도록 색
을 칠한다.

강의 노트

클리핑 마스크(Clipping Mask) 기능은 상위 레이어를 하위 레이어에 종속시킨다. 상위 레이어에서 페인팅할 때 종속된 하위 레이어의 불투명 영역 위로만 이미지를 노출하기 때문에 영역 지정을 따로 하지 않아도 페인팅을 편리하게 할 수 있다. 레이어를 추가로 올려가면서 페인팅할 수도 있다.

① 새 레이어를 추가한 후 아래 레이어를 마우스 오른쪽
버튼으로 클릭한다.

② [Create Cliping Mask]를 클릭한다.

③ 위에 있던 새 레이어가 아래 레이어의 불투명 영역에 종속된다.

④ 종속된 레이어에 칠한 색은 아래 래이어의 불투명 영역을 기준으로 노출된다.

3_ 필자는 몽환적인 느낌을 주기 위해 기본 색을 명도 차이가 크지 않은 녹색과 푸른색을 다양한 톤으로 배치했다. 식물의 주변에는 녹색, 바위의 그림자 영역에는 푸른색과 보라색, 빛이 닿는 곳에는 주황색을 약간씩 칠했다.

인물은 그림의 완성도가 어느 정도 높아지면 그때 따로 칠하는 것이 편리하다. 레이어를 분리해 꺼둔다.

4_ Sketch 레이어에서 투명 영역을 잠금 설정한다.

투명 영역 잠금

해당 레이어에 잠금이 걸려 있다는 표시

투명 영역을 잠궈두면 오른쪽 이미지처럼 해당 레이어의 잠금 전 페인팅된 영역에만 작업할 수 있다.

5_ 선을 주변 색과 비슷하게 칠한다. 양감을 줄 때 스케치 선이 너무 진하면, 빛을 그리는 데 방해가 되기 때문에 미리 묻어두는 것이다. 선 레이어의 투명도 또한 낮춘다.

강의 노트

이때는 에어브러시를 사용한다.

6_ 새 레이어를 추가한 후 선을 무시한 채 큰 면을 칠한다.

강의 노트

브러시는 페인팅하면서 색이 섞이도록 하기 위해 가장자리가 뚜렷하지 않은 브러시를 고른다.

전체 분위기를 정하는 채색이 끝나면 입체를 가장 앞에 있는 것부터 정리하는 것이 좋다. 필자는 그림의 분위기를 잡아주는 바탕의 가장 큰 면을 먼저 칠한 후 근경 디테일부터 원근을 잡아가면서 페인팅한다.

1_ 바위와 식물의 디테일이 섞이는 느낌이 있으므로 밝은 회색을 칠해 디테일을 구분한다.

2_ 상단에 디테일을 넣어 근경의 원근감이 부족해졌기 때문에 디테일을 추가한다. 바위의 바닥 재질을 그리기로 했다. 바위는 육면체의 평평한 재질이므로 새 레이어를 추가해 평면에서 바위의 질감을 1/4만 그린다. 빛이 반사되는 물기 있는 표면을 그릴 예정이기 때문에 바위의 홈이 될 빈 공간은 지우개로 지운다.

3_ 바위 질감 레이어를 선택한 상태에서 Ctrl+T를 누르면 이미지가 변형할 수 있도록 활성화된다.

4_ 활성화된 이미지의 축을 잡아 기존에 그려진 바
위의 모서리에 맞춘다.

강의 노트

바위를 표현할 수 있는 거친 질감의 브러시를 사용한다.

5_ 변형된 레이어의 투명 영역을 잠근 후 하늘에서
반사되는 빛을 표현한다.

강의 노트

레이어만 분리하면 다음과 같다.

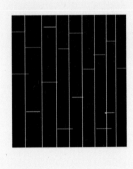

6_ 근경 바위의 바닥 재질을 그려 근경의 입체와 밀도를 정리했다. 뒤쪽의 바위 상단은 모두 풀로 채울 예정이므로 남겨둔다.

7_ 근경 바위 위의 풀을 그린다. 이 단계에서 풀은 간단한 명암으로 원근을 나타내는 정도만 그린다. 초벌 단계에서 부분적으로 디테일을 올리더라도 주변과의 조화를 맞추다 보면 다시 그리게 되는 경우가 비일비재하기 때문이다.

강의 노트

풀을 페인팅할 때는 끝이 날카로운 브러시가 좋다.

영역을 어두운 색으로 그린 후 투명 영역에 잠금을 걸고 디테일을 밝은색으로 표시한다.

8_ 넝쿨용으로 새 레이어를 올린 후 기존의 스케치를 참고해 늘어져 있는 바위 사이에 가는 넝쿨을 그린다.

9_ 원근감을 살리기 위해 비슷한 굵기와 간격으로 늘어져 있는 넝쿨 중 뒤에 있는 넝쿨은 라쏘 툴(Lasso Tool, 단축키 ㄴ)로 영역을 잡는다.

10_ Ctrl+T를 눌러 변형 기능을 활성화해 가로폭을 줄인다.

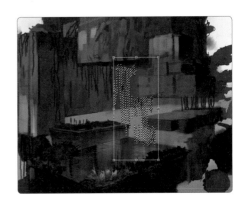

11_ 뒤로 갈수록 넝쿨이 촘촘해져 투시상으로 거리감이 생겼지만, 명도가 비슷하기 때문에 아직 원근감이 부족하다.

12_ 넝쿨 레이어에 투명 영역 잠금을 걸
어준 후 주변 색과 비슷한 색으로 칠
한다. 뒤쪽의 넝쿨은 빛이 닿지 않아
뚜렷하게 보이지 않기 때문에 바위의
그림자 색과 유사하게 시작해 아래로
갈수록 밝아지는 것이 좋다.

13_ 넝쿨의 디테일을 좀 더 정리한 후 근경의 큰 나무
뿌리를 그린다. 레이어를 추가한 후 [fx] 버튼으로
자동 테두리를 설정한다([fx] 설정 아이콘은 레이어
설정의 최하단부에 있다).

14_ 아이콘을 클릭한 후 [Stroke] 설정 창으로 들어간다.

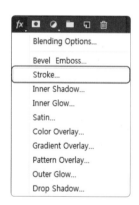

15_ 크기 설정은 1~3픽셀 사이로 선의 주변 영역과
구분되는 정도면 괜찮다. 선이 너무 두꺼우면 양
감을 표현할 때 방해가 된다. [Position] 설정은
[Outside]로 한다.

▶ 필자는 주로 1픽셀을 사용한다.

16_ 오른쪽 이미지처럼 테두리에 자동으로 선이 추가된다.

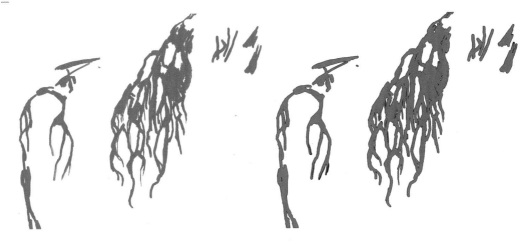

17_ 굵은 뿌리와 잔뿌리 2종으로 나눠 묘사했다.

큰 크기의 그림을 그리다 보면 그림의 부분만 보기 쉬워 그림 전체의 완성도에 대한 감을 쉽게 잡을 수 없다. 부분적인 디테일에 집착하지 말고 시간을 효율적으로 배분하기 위해 그림 전체의 분위기와 색감을 확인하는 시간을 갖는다. 그림에 눈이 익숙해져 있다면 어색한 점을 쉽게 관찰할 수 없으므로 잠시 휴식한 후에 확인하는 것이 좋다. 필자와 주변 지인들은 한숨 자고 일어나서 그림을 보는 것을 좋아한다. 전체를 확인한 후 실루엣과 색감을 점검한다.

1_ 브러시 모드에서 Alt를 클릭 중일 때는 마우스 포인터가 스포이트로 바뀐다.

2_ 스포이트로 색을 찍어가면서 컬러 바의 화살표 위치가 움직이는지 확인한다.

3_ 나무뿌리도 갈색(따뜻한), 녹색(차가운) 2개로 구분돼 있고, 왼쪽 바위는 자주색~푸른색, 오른쪽 바위의 초록색 영역도 같은 녹색 영역이지만 노란색 빛이 섞인 따뜻한 녹색, 파란색이 섞인 차가운 녹색이 들어가 있는 것을 확인했다.

4_ 한난으로 색의 온도차를 만들어 그리는 것이 그림의 색감을 풍성하게 만드는 데 도움이 된다.

1_ 오른쪽 그림자 영역의 바위와 식물 디테일을 올린다. 그
　림자 영역의 바위는 자잘한 식물들에 뒤덮일 예정이기 때
　문에 이끼의 그림자를 표현할 수 있는 거친 브러시로 그
　림자를 칠하고, 아래에 구형으로 매달려 있는 식물은 반
　사광을 그려 식물들의 형태를 구분한다.

2_ 새 레이어를 올려 중간 포인트가 될 식물의 디테일을
　그린다. 나무뿌리를 그렸던 것처럼 [fx] 버튼으로 선
　이 자동으로 입혀지게 설정한 후 형태를 짙은 녹색으
　로 그린다.

3_ 투명 영역을 잠근 후 위에서 칠한 영역에 색을 칠한
　다. 다른 디테일들보다 장식성이 있어야 완성하기 좋
　다. 그림자를 칠한 후 빛이 닿을 영역만 과감하게 고
　명도로 칠하고, 중간 영역은 다양한 톤으로 쪼개듯이
　그린다.

강의 노트

초벌이 끝나면 컬러 이미지를 흑백으로
바꿔 명암 기반의 원근이 유지돼 있는
지 확인하자.

필자는 배경의 디테일을 올릴 때 ① 가까이 있는 것을 먼저 그려 원근감을 살린 후 ② 가장 큰 면적을 갖고 있는 것의 디테일을 올리는 식으로 작업한다. 면적이 큰 것은 화면 안에서 분위기를 좌우하는 요소가 된다. 원근을 정리하고 분위기를 잡아주면 그림의 전체를 확인하면서 그릴 수 있기 때문에 작업 시간을 낭비하지 않고 계획성 있게 그리기 좋다. 디테일을 채색할 때는 위 순서를 명심하자.

1_ 큰 범위의 형태와 색감 정리가 끝났다. 이제 중간 단계에 접어들었다. 이제 디테일을 정리할 차례다.

2_ 허공에 떠 있는 바위에 비해 뒤쪽의 나무 기둥 실루엣이 빈약해 보이기 때문에 두께를 수정하기로 했다.

3_ 레이어를 추가한 후 나무 기둥을 얼마나 수정할지 대강의 실루엣을 확인해 본다.

4_ 라쏘 툴로 확대할 나무 기둥의 영역을 지정한다.

5_ Ctrl+Shift+C를 누른 후 Ctrl+Shift+V를 누르면 라쏘 툴로 지정한 영역 아래의 모든 이미지가 합쳐져 복사−붙여넣기된다. Ctrl+T를 눌러 변형 기능을 활성화한다.

6_ Ctrl+T를 누른 후 상단 메뉴 바를 보면 그물망 모양의 버튼이 보인다.

7_ 버튼을 누르면 이미지 위에 몇 개의 선들이 생기면서 좀 더 다양한 모양으로 변형할 수 있게 된다. 이미지를 늘려 기존 실루엣에 맞춰 변형한다.

8_ 왼쪽에 있는 다른 나무뿌리도 이와 똑같이 한다. 적절한 이미지를 선택해 복사−붙여넣기−변형을 사용하면 새로 그리는 수고를 할 필요 없이 쉽게 그림의 디테일을 채울 수 있다. 자연물은 디테일의 다양성이 중요하기 때문에 붙여넣기 후 변형하지 않으면 이질감이 들므로 꼭 변형하는 것이 좋다.

9_ 오른쪽은 전후 이미지를 비교한 것이다.

10_ 오브젝트 뒤쪽의 디테일을 정리했으면 근경으로 돌아와 가까이 있는 것이 잘 보이도록 디테일을 올려 원근감을 유지시켜야 한다. 멀리 있는 나무 기둥을 정리했으므로 가장 가까이에 있는 풀들의 디테일을 정리한다. 선명한 느낌을 주기 위해 풀과 바닥의 명암 차이를 크게 한다.

11_ 근경의 풀 디테일을 올려 원근감이 올라갔으므로 뒤쪽 큰 면적의 나무뿌리와 바위 디테일을 올린다.

자연물은 형태가 규칙적일 경우, 인공적
인 느낌이 들기 때문에 사진과 같은 사
실적인 참고 자료를 활용해 어느 정도로
불규칙적인 특성을 갖고 있어야 하는지
관찰하고 묘사한다.

자연 디테일에 참고한 사진

주 오브젝트의 표현이 어느 정도 이뤄져 있기 때문에 원경의 디테일을 그려야 한다. 초기에 잡은 색감에서 크게 벗어나면 안 된다.

1_ 하늘과 땅, 구름의 색은 노란색, 주황색, 파란색, 회색으로 배치하며, 색상의 차이가 큰 영역은 주제 쪽으로 시선을 유도한다. 이미지 전체를 흑백으로 바꿨을 때 주 오브젝트와의 거리감을 해치는 정도로 명도가 강해지거나 디테일이 많이 들어가지 않도록 배경을 칠한다. 이때 공기원근에 유의한다.

강의 노트

다양한 색을 쓰더라도 명도는 유지해야 화면 안의 입체감이 유지된다. 하늘에서 본 구름 이미지는 'AIR TRAVEL'을 검색하면 많이 나온다.

필자가 구름을 그릴 때 참고한 사진

작업 이미지

2_ 초기 스케치대로 무지개를 그릴 차례다. [Daken] 레이어를 추가한 후 원색으로 무지개 띠를 만든다. 레이어 속성을 [Daken]으로 지정하면 내가 지정한 명도보다 밝은 명도의 영역에만 색이 올라간다.

3_ 메뉴 바의 [Filter – Blur – Gaussian Blur]를 클릭해 흐리게 한다(강도는 미리 보기 화면을 보면서 조절한다).

4_ Ctrl+O를 누르면 이미지가 화면에 맞게 축소되거나 확대된다. 전체를 보며 무지개 레이어 속성을 [Overlay]로 바꾼 후 투명도를 조절한다. 필자는 17%로 조절했다.

강의 노트

투명도 조절 시 참고한 무지개 사진

원경의 디테일을 정리했으므로 다시 근경의 디테일을 정리해 입체감을 유지해야 한다.

1_ 브러시 속성을 [Darken]으로 설정한
후 중앙의 큰 나무뿌리 그림자와 색의
디테일을 올렸다. 뿌리가 너무 어두워
져 바위의 그림자 색과 섞여 흐려지지
않도록 한다.

2_ 디테일을 강조하더라도 원경에 비해 근
경의 밀도가 떨어지는 것 같아 나무뿌
리의 개수를 늘렸다.

3_ 최근경의 바위 디테일을 추가할 차례다. 스케치에서는
풀숲으로 디자인했지만, 좀 더 명암이 강조될 필요성
이 있어 무지개와 어울리는 물기 있는 디자인이 좋을
것 같아 연못을 추가하기로 했다. 레이어를 새로 추가
해 라쏘 툴로 영역을 그린다.

4_ 이끼와 모래가 들어 찬 물 바닥을 먼저 그리기 위해 녹색과 갈색으로 밑색을 칠한다.

5_ 도구 바의 스머지 툴(Smuge Tool)을 이용해 칠해진 색들을 섞는 것으로 묘사한다.

강의 노트

손가락 브러시를 사용하면 물 위에 칠해진 기름처럼 서로 섞이지 않고 칠해진 색감을 이끌어내듯 섞기가 쉽다.

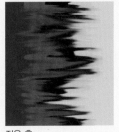

적용 전　　　　　　　　　적용 후

6_ 물풀의 그림자와 자갈 사이의 그림자를 묘사한 후 그 위를 밝은색으로 덮는다.

7_ 부족한 깊이감과 형태감을 살려줄 색을 다시 올린다. 위에 반사되는 물빛을 올려 강렬한 명암 대비를 연출할 예정이기 때문에 색상의 차이로 물 아래가 어렴풋이 보이는 정도로 묘사한다.

8_ 라쏘 툴로 영역을 잡고 군데군데 레벨(단축키: Ctrl + L)을 조절하면서 어두운 색을 더 어둡게 만든다. 빛의 물 반사를 표현할 때 [Color Dodge]나 [Screen] 등의 블렌딩 모드를 적용할 경우, 어두운 영역이 충분히 어둡지 않으면 명암 대비가 약해져 그림의 디테일이 흐려지기 쉽다.

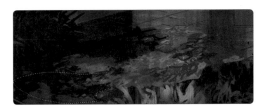

9_ 연못 뒤쪽의 풀을 그리기 위해 바닥 색을 밝게 잡는다. 바위 사이에 난 검은 풀을 묘사하기 위함이다.

10_ 회색의 바위 앞에 검은 풀의 실루엣을 그리고, 연못 주변의 틀을 정리한다.

11_ 오른쪽 구석에도 평평한 바위를 올린다. 눈에 잘 띄지 않는 곳이기 때문에 허전해 시선을 끄는 것을 막기 위한 것이므로 그다지 디테일할 필요는 없다. 간단하게 라쏘 툴로 영역을 잡고, 한두 번의 터치로 빛이 닿는 곳만 표현한다.

12_ 연못의 오른쪽은 그 앞에 어두운 풀을 그리기 위해 밝고 흐리게 만든다.

13_ 가장 가까이에 있는 풀을 그릴 차례다. 풀잎에서 빛이 반사되는 부분만 끝이 뾰족한 브러시로 모양을 잡는다.

14_ 풀 사이를 불규칙하게 채운다. 풀의 가늘고 가벼운 특성이 사라져 덩어리가 되지 않도록 한다.

15_ 브러시 속성을 [Darken]으로 바꾼 후 위쪽 풀 때문에 생긴 그림자를 아래쪽 풀에 그린다.

16_ 새 레이어에 오른쪽 풀을 그린다.

17_ 그 아래에 그림자용 레이어를 추가한
후 어두운 색의 브러시로 그림자를 채
워넣어 실루엣을 잡는다.

18_ 약간의 빛을 추가로 묘사한다. 가장
앞에 있는 풀만큼 명암 대비가 강렬
할 필요는 없기 때문에 형태만 느껴
지도록 한다.

19_ 70% 완성됐다. Ctrl + 0 를 눌러 전체 분위기를 확인한다.

근경, 중경, 원경의 디테일을 정리했으면 전체 디테일의 밀도를 올려 그림을 탄탄해 보이도록 만든 후 물체의 세세한 외곽선들을 정리해야 한다.

1_ 근경 좌측 하단부의 디테일을 그린다. 이런 부분들은 어둠에 덮여 눈에 띄지 않기 때문에 저채도의 두세 가지 색으로 묘사하는 것이 효율적이다. 어두운 색으로 덩어리를 먼저 칠한다.

2_ 좀 더 밝은색으로 실루엣만 그린다.

3_ 풀의 일부만 아주 약간 밝은색으로 포인트를 넣고 마무리한다.

4_ 반대쪽 아래 디테일과 멀리 있는 바위 위의 풀들도 위와 같은 방식으로 디테일을 정리한다. 최근경 풀에 [Darken] 레이어를 올려 색상의 차이도 넣는다.

5_ 이제 위쪽 바위의 나무뿌리 디
테일을 올릴 차례다. 풀의 그림
자를 포함한 어두운 부분을 그
린다. 밝은 부분의 디테일이 추
가되면서 아래 그림자는 가려
질 예정이기 때문에 모든 부분
을 그릴 필요는 없다. 두세 가
지 종만 그린 후 복사−붙여넣
기로 디테일을 추가한다.

6_ 풀을 그릴 때 사용했던 끝이 날카로운 브러시
를 다시 사용해 잎의 밝은 부분을 표현한다. 입
체적인 표현을 위해 하단에 더 밝은 빛의 반사
를 추가해 튀어나온 듯한 디테일을 만들었다.

7_ 그림 전체를 확인하면서 실루
엣을 다시 점검한다. 상단 나
뭇잎 그림자를 추가로 넣어 좀
더 풍성한 느낌을 그린다. 나뭇
잎은 1종만 그린 후 복사−붙
여넣기하고, 지우개로 실루엣
을 정리하면서 추가했다.

8_ 상단에 역광의 나뭇잎들을 그려가면서
실루엣을 정리한다.

9_ 역광으로 표현되는 식물의 색은 노란색의 난색과 회색의
한색으로 풍성해 보이도록 정리한다.

10_ 이미지를 축소해 전체 실루엣에서 크
게 이질적인 부분이 없는지 확인한 후
노란색 풀을 아래쪽에 한 번 더 추가
했다. 복사−붙여넣기로 양산한 후 이
질적이지 않기 위해 크기를 조절했다.

11_ 나무뿌리에 하이라이트를 칠하고, 그림자의 명도를 어둡게 해 입체감을 강조했다.

12_ 80%의 디테일이 모두 정리됐다. 전체를 살펴보면서 놓친 디테일은 없는지, 의도한 분위기와 일치하는지 다시 한 번 살펴본다.

13_ 다시 자잘한 디테일을 추가해 허전해 보이는 곳을 채운다. 주변 색과 섞으면서 밀도를 올리는 것이 중요하기 때문에 선명할 필요는 없다. 브러시 투명도를 70%로 설정한 후 가는 나무뿌리들을 그린다.

14_ 아래에서 올라오는 푸른 반사광을 덧그린다. 가까이 있는 풀과 나무뿌리 사이의 공간감이 잘 살지 않는 것 같아 공간감을 추가했다. 나무뿌리에 푸른 반사광을 그렸기 때문에 공간감을 나타내는 색은 갈색으로 처리했다.

강의 노트

'공기 원근법의 적용 예시 1' 참고

15_ 둥글게 매달려 있는 식물의 색과 명도를 한난으로 나눠 디테일을 추가한다.

16_ 근경의 바위와 구분하기 위해 그림자 톤의 명도도 다르
게 처리했다.

17_ 나무 잔뿌리는 미리 그려놓은 것을 복사-붙여넣기-변
형의 방법을 이용한 양산으로 디테일을 추가한다.

18_ 추가로 식물을 그릴 때도 복사–붙여넣기–변형을 이용한 양산을 사용하면 밀도를 효율적으로 올릴 수 있다. 크기가 비슷하기 때문에 짝수보다 홀수로 배치하는 것이 답답해 보이지 않는다.

19_ 복사–붙여넣기–변형 후 덧칠하고, 하이라이트를 각자 다른 위치에 그려 그림이 단조로워 보이는 것을 방지했다.

20_ 작은 분홍색 꽃을 그린 후 위와 같은 방법으로 디테일을 추가한다.

21_ 이 꽃은 근경, 중경, 원경에 2:1:3의 비율로 분포시켰다. 멀리 있을수록 복사–붙여넣기 시 투명도를 낮춰 원근을 만들었다.

22_ 원경과 중경의 경계를 만드는 식물 디테일을 정리한다.

23_ 바위와 바위 사이에 공간감을 추가해 사이를 벌리기 위해 주변 구름의 색에서 스포이트를 찍어 10~20 정도의 투명도로 면과 면 사이를 칠한다.

24_ 밀도를 올리면 답답한 느낌이 들기 쉽다. 이때는 빛을 추가해 강조하거나 공기감을 넣어 입체를 정리하는 것이 좋다. 필자는 왼쪽 석조물에 밝은색을 올려 면의 각진 부분을 좀 더 또렷하게 묘사했다.

25_ 전체를 보고 분위기를 확인한다. 시선 이동이 근경에서 시작돼 오른쪽 위를 타고 흐르는 것을 유도하기 위해 오른쪽 바위 문양에 디테일을 추가한다.

완성도 높이기 2 – 명암 대비와 색상 대비를 추가해 시선 이동 강조 STEP 10

그림이 좀 더 매력적으로 보이게 하고 싶다면 시선 이동이 잘 드러나 있어야 한다. 마무리 단계에선 반드시 시선 이동을 중심으로 색상 대비와 명암 대비를 추가한다.

1_ 연못 위에 올라갈 연잎을 그려야 한다. 새 레이어를 추가해 바닥 재질을 그릴 때처럼 투시가 들어가지 않은 평면에 원을 그린다.

2_ Ctrl+T를 눌러 레이어를 변형할 수 있도록 활성화한 후 바위의 가장자리 선에 맞춰 가로 선, 세로 선의 투시를 비슷하게 맞춘다.

3_ 그대로 크기를 축소한 후 가로 선, 세로 선의 기울기를 유지한 채 원 모양을 잡는다.

4_ 그림자가 있으면 연잎이 더욱 돋보이고, 연못 디테일의 명암 대비가 강조돼 시선을 집중시키기 쉬울 것이다. 연잎 레이어를 복사한 후 Ctrl+U를 눌러 명도 조절 바를 이용하고 명도를 낮춘 후 기존 연잎 레이어 아래에 위치시켜 그림자로 사용한다.

5_ 작은 연잎들을 브러시로 묘사하고 가장자리 디테일을 정리한 후 레이어의 투명 영역에 잠금을 걸고 진녹색과 갈색 두 가지로 그림자 색을 채운다.

6_ 연못에 하이라이트를 넣어 빛 반사를 표시해 줄 차례다. 라쏘 툴로 빛과 그림자를 칠할 영역을 지정한다.

7_ 빛을 본격적으로 묘사하려면 더 어두워야 하므로 레이어의 속성을 [Darken]으로 바꾸고, 근경에 어두운 푸른색을 칠해 물의 깊이를 묘사한다.

8_ 새 레이어를 추가해 레이어와 브러시 속
성을 [Color Dodge]로 바꾼 후 브러시
색을 밝은 하늘색으로 바꾼다. 그런 다
음, 근경에서부터 반사되는 물빛을 묘
사한다.

강의 노트

앞쪽은 기본 브러시 중 가장자리가 부드러운 브러
시, 뒤쪽은 네모난 브러시를 이용해 두 종류의 물
반사를 묘사했다.

9_ 이미지의 전체를 확인해 분위
기를 살펴본다.

① 오른쪽 식물 명도가 너무
비슷해 입체감이 부족한 것
같아 밝은 푸른색을 올려
공기감을 추가했다.
② 오른쪽 바위에 갈색으로 반
사광을 강조했다.

10_ 신비로운 느낌을 주기 위해 떨어지는 물방울을 묘사한
다. 물결과 분사되는 형태 그리고 큰 물방울을 적절하다
고 판단되는 곳에 복사-붙여넣기-변형 과정을 거쳐 채
웠다. 물방울의 색이 밝기 때문에 어두운 영역 위에 위치
해야 효과적인 명암 대비의 디테일을 낼 수 있다.

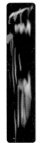 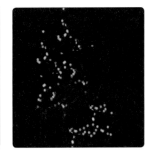 

11_ 물 디테일이 들어가면서 시선이 분산되고 있다. 오른
쪽 위를 타고 시선이 이동될 수 있도록 밝은 명도의 작
은 풀을 새로 그리고, 기존에 그려진 식물의 하이라이
트를 강조한다.

12_ 구름의 색이 너무 단조로워 허전해 보인다. 명암 대비는 크게 다르지 않게 유지하면서 색상의 한난 대비를 다르게 하는 것으로 무지개 아래 구름의 색감을 풍부하게 잡는다.

13_ 원경과 경계를 만드는 나무뿌리 사이에 역광처럼 새어나오는 빛을 그려 실루엣을 다시 한 번 강조한다. 레이어 속성은 [Screen], 브러시 모양은 경계가 흐린 것이 좋다.

강의 노트

필자는 강렬한 빛은 [Color Dodge], 부드러운 빛은 [Screen]으로 묘사한다. 채도와 명도를 동시에 조절하고 싶으면 [Overlay]를 사용한다.

14_ 촉촉한 느낌을 강조하기 위해 바위 표면에 물기가 있는 것처럼 허공에서 반사된 풀의 이미지를 넣는다. 눈높이 선 위의 이미지를 복사(Ctrl+Shift+C) – 붙여넣기(Ctrl+Shift+V) – 상하 반전–좌우 반전한 후 필요한 부분 외에는 지운 다. 이렇게 하면 반사되는 물 표면의 이미지를 쉽게 만들 수 있다.

15_ 왼쪽 상단에 시선을 붙잡을 만한 명암
대비가 강렬한 부분이 있으면 좋을 것
같다. 레이어를 추가한 후 블렌딩 모
드를 [Color Dodge]로 설정하고 강렬
한 빛을 넣는다.

16_ 나무뿌리와 바위의 색감이 비슷해 서로 뭉쳐 있는 느낌이다. 레이어 속성에 [Darken]을 올려 나무뿌리의 색을 푸
른색으로 변경한다. 바위의 색을 푸른색으로 하지 않는 이유는 그 위의 물색과 옆에 있는 다른 바위의 그림자 색에
이미 푸른색이 있어 면이 섞일 위험성이 있기 때문이다.

강의 노트

자연물을 그릴 때는 늘 그 환경적 특성을 염두에 둬야 한다. 습윤한 지역의 나무뿌리가 건조 지역의 나무처럼 갈색에 메마
른 느낌이라면 어울리지 않기 때문이다. 특히 지면과 맞닿는 하단부 디테일에 있는 얼룩이나 퇴적된 흔적들에 신경을 쓰지
않으면 바닥과 물체가 따로 놀게 된다. 학생들이 자주 놓치는 디테일 중 하나다.

초반에 삭제한 인물을 넣고 마무리하려고 했는데, 평범한 사람을 넣으려니 판타지적인 느낌이 강조되지 않아 삭제했다. 주제는 공중에 뜬 신비한 섬이므로 발광체의 나비와 하늘에 떠 있는 공간에서 노니는 것이 자연스러울 수 있는 날개가 달린 인간 형태의 디테일을 추가함으로써 명암 대비를 강조해 마무리했다.

NPC가 들어 있는
상점 배경 작업 과정

캐릭터와 함께 많은 물건이 들어 있는 실내의 공간을 그릴 때 가장 주의해야 하는 점은
좁은 공간 안에서 캐릭터에게 방해되지 않는 선에서 디테일을 보기 좋게 올리는 것이
다. 구성물들의 방향성과 패턴을 캐릭터가 돋보일 수 있도록 맞추고, 실내에서는 원근
의 표현을 깊이 있게 내기 어려우므로 명암 대비와 공기 원근을 섬세하게 조절하고, 많
은 디테일을 효율적으로 묘사해낼 수 있어야 한다.

스케치와 명암 STEP 01

1_ '인첸트와 잡화를 파는 상점'이었
기 때문에 스크롤과 마법약, 책
들로 상점 안을 채워야 하는데,
이때 물건의 배치는 패턴이 겹치
지 않고 다양하고 풍성한 느낌이
날 수 있도록 신경을 쓴다.

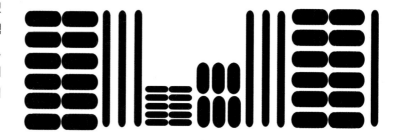

강의 노트

배경의 패턴이 똑같이 들어갈 수밖에 없는 디테일이라면 빛과 그
림자로 명암의 차이라도 주는 것이 좋다. 이때 빛과 그림자의 비율
은 사선으로 흐르는 비대칭으로 나누는 것이 좋다.

2_ 화면 안의 오브젝트들이 만드는 선들을
이용해 보는 사람의 시선을 인물을 향
해 모았다.

앞에서 설명한 오브젝트의 선들을 이용
해 왼쪽 → 오른쪽으로 NPC를 향해 시
선을 몰아준 후 오른쪽 잉크병에 꼽힌
깃대의 선으로 시선을 다시 오른쪽 →
왼쪽으로 팅겨냈다.

• 직선: 선들이 향하는 곳은 시선이 몰린다.
• 곡선: 선의 꺾이는 곳 안쪽은 시선이
  향한다. 곡선의 반대쪽은 시선이 팅
  겨나간다.

그림 안의 선들이 캐릭터가 위치할 곳을 향하게 하기

© TEAM D.T.R.

3_ 그림자를 한 톤 깔아 명암을 구분했다.
이때 선으로 만들어놓은 시선을 유도하
는 흐름은 여전히 살아 있어야 한다.

강의 노트

오밀조밀한 패턴의 물건
이 가득 있는 참고 자료.
이미지 보드 중 일부다.

1_ 갈색 나무가 화면의 오브젝트들이 갖
 는 고유색 중 가장 많은 부분을 차지하
 고 있기 때문에 갈색 중심의 조화 색에
 파스텔 색으로 포인트를 줘 배색했다.

2_ 색을 칠하고 나니 명암 대비, 한난 대
 비가 좀 더 필요해 보여 그림자 영역
 을 나무색과 대조되는 어두운 푸른색으
 로 덧칠했다.

3_ 양감을 강조하기 위해 스케치 선의 투
 명도를 35%로 낮췄다. 면을 표현하는
 단계에서 선이 너무 진하면 빛을 그리
 기 어려워진다.

4_ 빛이 새어들어오는 창가를 배경의 주 포인트로 잡았다. 창가에서 향하는 빛이 캐릭터를 비춰 캐릭터를 더욱 강조할 것이다. 창가와 중앙의 책들의 디테일을 미리 정리했다.

5_ 실내의 디테일을 그릴 때는 주 광원이 근접해 있고, 오브젝트와 오브젝트 사이의 거리가 좁기 때문에 풍경처럼 공기 원근으로 공간감을 표현하는 데 한계가 있다. 광원을 명확히 하고 그림자와 색조의 대비로 공간을 표현하는 것이 효율적이다. 명암 대비는 포인트로 잡은 곳보다 약하게 유지하면서 디테일을 올려야 한다. 캐릭터가 올라갔을 때 분위기가 쉽게 산만해지는 것을 방지하기 위함이다.

1_ 지우개 툴로 선의 강약을 조절했다. 스
케치 선이 나중에 면의 일부가 돼도 어
색하지 않을 정도로 흐리게 조절하되,
디테일을 알아볼 수 있는 정도는 남겨
야 한다.

2_ 근원은 명확하므로 뒤에 있는 것 중 그리기 쉽고 면적을 많이
차지하는 것부터 순차적으로 그려나간다. 왼쪽에 있는 시약병
들부터 그렸다.

시약병이 가진 광원과 형태가 같기 때문에 양산이 쉬워 보였
다. 하나를 그린 후 하나씩 복사해 옆으로 옮긴 후 붙여넣기했
다. 오른쪽으로 갈수록 책장의 선이 축소되고 있는 것을 고려
해 시약병의 이미지도 조금씩 축소했다. 그런 다음, Ctrl + U
를 누르면 나오는 색조와 채도를 바꿀 수 있는 창이 나타난다.
무지개 색의 색조(H) 바를 좌우로 옮겨가면서 하나의 시약병
이미지를 여러 개로 양산했다.

3_ 아래 있는 박스와 스크롤도 이와 비슷
하게 정리하면 빠르게 완성할 수 있다.

4_ 원경을 정리했으므로 근경도 정리했다. 근경의 테이블 위에 테이블 보와 매트를 그렸다.

5_ 테이블 보 밑에 그림자를 넣고 주름을 만들었다. 왼쪽의 양피지와 스크롤도 그림자를 한 톤 더 깔아 근경을 강조했다. 중간중간 디테일의 앞뒤를 오가면서 중경의 디테일들을 조금씩 올려 디테일을 끌어올렸다. 한 번에 앞, 뒤를 완성하지 않도록 주의한다. 거리감을 조절하기 어려워진다.

6_ 이때 스크롤의 손잡이는 하나만 그리고, 남은 부분은 복사−붙여넣기로 양산해 채웠다.

7_ 근경을 정리한 후 다시 중경으로 돌아
간다. 선반 안쪽은 빛이 앞면만 닿고 좌,
우, 뒤는 그림자로 가려지는 부분들이
다. 레이어를 하나 올려 문양을 그리는
것처럼 빛이 닿는 앞면만 남기고 남은
부분은 그림자로 채웠다. 벽돌 디테일
도 정리했다.

8_ 레이어의 투명 영역에 잠금한 후 각 그
림자 영역을 상하로 어둡고→밝음, 차
가운 톤→따뜻한 톤으로 풀고, 빛이 닿
는 면에 디테일을 정리했다. 이때 그림
자를 너무 여러 번 덧칠해 밀도가 올라
가지 않도록 한다. 어두운 곳은 간결하
게 터치하는 것이 좋다.

9_ 벽돌 위에 파스텔 톤의 책과 비슷한 채
도로 마른 꽃다발을 그려 올렸다.

10_ 벽돌과의 이질감을 막기 위해 창문의 반대 방향에 그림자를 칠했다. 그림자가 너무 진하면 무게감이 생기기 때문에 꽃의 가벼운 재질에 어울리지 않는다. 꽃 사이사이로 빛이 새나가는 느낌을 살려 그림자를 옅게 칠했다.

11_ 선반 아래에 꽃다발을 채워넣을 예정이다. 이때 풀의 텍스처 브러시를 사용해 그림자를 먼저 칠했다.

12_ 레이어를 위로 올려 풀잎의 덩어리를 하나 더 그렸다.

13_ 레이어 투명 영역에 잠금을 걸고, 저채도의 나뭇잎 색을 그렸다.

14_ 꽃 장식을 그려넣었다. 보라색 꽃과 녹색 꽃 2개만 그려 복사−붙여넣기로 양산해 채웠다.

15_ 그림자 풀의 명암을 조절했다. 광원에서 멀고, 선반의 그림자 안에 있기 때문에 명암 대비가 너무 진하거나 채도가 높지 않게 칠해야 그림의 은은한 분위기를 해치지 않는다.

마무리

1_ 뒤쪽의 디테일을 올렸으면 다시 화면의 앞으로 돌아와 디테일을 올려야 한다. 근경의 책상 종이더미의 책갈피나 스크롤의 끈, 영수증 등의 종이들을 그렸다.

2_ 근경의 디테일이 충분하지 않은 느낌이 들어 테이블 매트에 문양을 넣어 디테일을 채우기로 했다. 오른쪽 그림처럼 매트의 문양을 그린다.

3_ 작업 중인 화면 위에 올려 Ctrl + T 의 변형을 이용해 파란색 매트의 틀에 맞춘 후 색을 조절했다.

4_ 위에 있는 종이에도 문양이나 글씨를 채워넣어 디테일을 올렸다.

5_ 오른쪽 비어 있는 책상 위는 왼쪽 종이 뭉치를 오려 붙여넣고, 반전하는 것으로 채웠다.

6_ 이질감을 없애기 위해 그림자를 넣고, 처음 스케치에서 그렸던 잉크병과 펜 홀더를 그렸다.

7_ 뒤쪽의 선반 안쪽 디테일을 완성했다. 그림자로 실루엣만 정리한 후 색을 칠했다.

8_ 다시 앞으로 와서 깃펜을 그렸다. 이 깃펜은 바깥으로 나가는 시선 이동을 돌려 안으로 다시 몰아주는 역할을 하기 때문에 명암 대비를 강하게 줘야 한다.

9_ 천장에 달린 조명 사슬 중 긴 것 하나만 그린 후 복사 – 붙여넣기하고 빛과 그림자를 다르게 리터치했다.

10_ 다음은 완성된 이미지다.

그림을 완성했지만, 그림의 노란색 톤이 분위기가 세기말적인 게임 분위기에 비해 너무 평화로운 것 같아 이미지를 하나 더 제작하기로 했다. 개발에서는 이를 '리소스 베리에이션을 추가한다'라고 한다.

1_ 이렇게 그림의 전체 색을 수정해야 할 때는 그림의 색조를 조절하는 방식을 사용하는데, 색상 조절 바를 이용해 색을 조절하면 한 가지 색조로 통일성이 생기는 만큼, 그림 안의 색 대비가 약해지고 그림이 밋밋해진다. 그래서 그림의 전체 색을 바꿀 때는 2개 이상의 다른 색조로 이미지를 만들어 겹친 후 부분적으로 지우고 [Overlay], [Soft Light], [Color Dodge]로 색상을 강조하기 위한 보정을 따로 해야 한다.

2_ 2종의 푸른색으로 조절한 이미지와 처음 작업한 기본 이미지 3개를 겹친다.

3_ 이미지를 부분적으로 지운 후 기존 이미지에서 포인트 컬러를 남겨두는 방식으로 이미지를 수정했다.

4_ 이제 본격적인 보정 작업에 들어간다. 지금은 이미지 전체 색조가 비슷하고, 빛과 어둠이 잘 구분되지 않아 그림에 입체감이 떨어져 보이기 때문에 빛을 강조하고 사라진 색의 대비를 다시 만들어야 한다. 레이어를 추가한 후 블렌딩 모드를 [Overlay]로 지정하고 투명도는 75% 정도로 주황색을 칠했다. 보정 단계에서는 브러시 자국이 남지 않는 것이 좋기 때문에 에어브러시로 작업한다.

5_ 빛이 닿는 곳의 선명도를 높이기 위해
전체 이미지를 한 장의 레이어를 추가
해 올린 후 빛이 닿는 부분 외에는 지
우고 블렌딩 모드를 [Vivid Light] 13%
로 조절했다.

6_ 산란되는 빛의 효과를 추가로 넣기 위
해 블렌딩 모드를 [Overlay]로 지정한
레이어를 하나 더 추가했다.

7_ 창문에서 들어오는 빛을 좀 더 섬세하게
그리기 위해 [Darken] 레이어를 추가해
창문의 빛을 덮었다.

8_ 창문에서 들어오는 빛을 다시 섬세하게
그린 후 빛 입자를 추가해 밀도를 올리
는 것으로 완성했다.

강의 노트

필자가 오다이바의 팀랩보더리스 전시회에서 찍은 사진. 실루엣과 스케치가 같더라도 색과 빛을 다르게 하는 것만으로도 공간의 분위기를 다르게 전달할 수 있다. 효율적인 분위기 양산을 위해서는 반드시 알아둬야 한다.

횡 스크롤 RPG 배경의
작업 과정 – 열대우림

기차를 타고 창 밖을 바라보면 근경은 빠르게, 원경은 느리게 지나간다. 횡 스크롤 배경은 이와 같이 배경의 근경 중 원 레이어의 스크롤되는 속도를 달리해 입체감을 만든다.

빠르게 지나가는 레이어는 디테일을 잘 넣어도 보이지 않기 때문에 명암을 중시하고, 캐릭터와 같이 바닥을 공유하는 레이어는 가장 잘 보이기 때문에 디자인을 중시한다. 원경의 레이어는 색이 너무 튈 경우, 유저가 게임에 몰입하는 데 방해가 되기 때문에 저채도로 들어간다.

구상   STEP 01

'열대우림' 컨셉의 맵을 그려달라는 요청을 받았다. 열대우림의 자료를 먼저 찾아 이미지 보드를 만들고 사진들의 공통점을 분석한다.

① 키가 큰 식물이 햇살을 가려 열대우림의 내부는 그다지 밝지 않다.
② 캐릭터만큼 큰 식물이 아주 넓은 잎을 갖고 있다.
③ 넓은 잎과 작은 잎, 긴 넝쿨과 같은 다양한 형태 식물이 존재한다.
④ 바닥이 제대로 보이지 않을 정도로 식물이 가득 차 있다.

세 가지 시안을 만들었다.

① 열대우림 같지 않다.

② 기존에 있던 배경과 색조가 유사한 문제가 있
었다.

③ 열대우림의 특성을 잘 지니고 있으며, 기존 맵과
겹치는 색조가 없고, 캐릭터와 UI를 방해하지 않
는 배색을 갖고 있어 결정했다.

© TEAM D.T.R.

1_ 바탕색을 깐다. 풀과 공기의 색, 가장 멀리서 보일 풀들의 실루엣을 미리 그려놓는다. 공기의 색은 녹색→하늘색으로 공기 원근을 아래에 미리 넣었다.

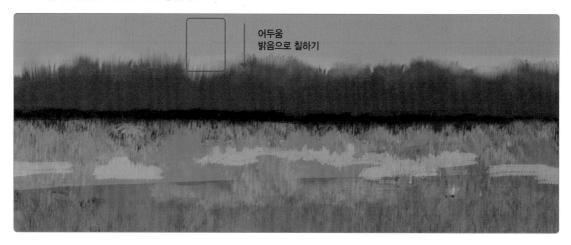

2_ 나무 기둥을 그린 후 나무 기둥 사이에 넝쿨을 그린다. 비슷하게 큰 덩어리로 올라가기 때문에 명암과 색조를 다양하게 해야 답답하지 않게 넣을 수 있다. 명암 대비는 길보다 크지 않아야 한다. 넝쿨의 폭과 길이는 비슷하지 않도록 하자. 자연물은 다양성이 중요하다.

3_ 나무 기둥 앞에 풀의 실루엣을 그린다. 이 풀들은 캐릭터가 돌아다닐 길을 돋보이기 위한 장치로 사용되기 때문에 길과 뒤의 나무 기둥보다 낮은 채도와 어두운 색조로 들어가야 한다.

4_ 길과 함께 들어갈 근경의 풀을 그린다. 이때는 명암 대비와 색조만 확인하고 전체를 봐야 하기 때문에 디테일을 올리지 않고 대강 그린 실루엣 위에 색만 칠한다.

5_ 길 위에 캐릭터가 지나갈 위치를 중심으로 색조를 조절한다. 길이 지나가는 곳을 밝게 처리해 바닥의 색을 풍부하게 잡고 풀의 질감을 거칠게 잡아둔다. 바닥의 질감이 잘 살지 않아 솜덩이 같을 경우, 캐릭터가 공중에 뜬 느낌을 줘 좋지 않다. 어두운 색→밝은색을 교차해가면서 끝이 거친 브러시로 그리면 질감을 살릴 수 있다.

6_ 최근경의 풀을 그린다. 이 풀들은 가장 빠르게 스크롤될 예정이며, 디테일을 그려도 잘 보이지 않기 때문에 형태의 다양성만 염두에 두고 리소스를 복사−변형하는 방식으로 재배치하는 것이 효율적이다.

7_ 색에서 근경, 중경, 원경의 거리감이 충분히 표현됐는지 확인한다.

8_ 시안을 확인하면서 주요한 디테일들을 그린다.

9_ 이때 포토샵은 3개의 창을 띄우고 작업하는데, 첫 번째는 작업 창, 두 번째는 축소시켜 전체를 확인하는 용도의 첫 번째 작업 창과 같은 창 그리고 세 번째는 초기 의도를 확인할 수 있는 시안 창을 띄운다. 작업 창과 같은 창은 중간 중간 컬러 모드를 흑백으로 바꿔가면서 명암 대비가 너무 튀는 곳이 있는지 확인하면서 작업한다.

10_ 배경은 많은 면적을 조화롭게 그려야 한다. 최대한 많은 디테일을 복사−붙여넣기−변형을 이용해 적은 수고로 다양한 디테일을 표현하는 것이 효율적이다.

11_ 같은 방식으로 디테일을 추가한다.

12_ 해당 이미지의 레이어를 선택한 후 Ctrl+U를 누르면 색상과 채도를 조절할 수 있다. 불규칙적으로 배열하면서 풍부한 느낌을 낼 수 있도록 복사−붙여넣기−변형 후 색을 조절한다.

13_ 바닥의 밀도를 조절할 차례다. **12**번까지 그렸던 풀과 바닥 사이에 그림자를 넣어 경계면을 자연스럽게 만든다.

14_ 바닥 풀 디테일을 정리한다. 어두운 곳과 밝은 곳이 교차돼 있는 곳을 찾아 어두운 바닥 위에 밝은 풀이 올라오거나 밝은 바닥 위에 어두운 풀이 올라오는 식으로 밀도를 채운다.

1_ 잔디만 갖고는 울창한 느낌을 내기 쉽지 않다. 앞서 그렸던 풀 중 몇 개를 떼어와 복사-붙여넣기-변형-색 조절을 이용해 바닥 위에 잔디와 다른 종류의 낮은 식물 이미지를 불규칙적으로 배치한다.

강의 노트

주의할 점은 새로 올린 리소스의 명암이 앞 레이어만큼 어두워서는 안 된다는 것이다. 명암 대비의 폭은 초기 이미지를 유지해야 공간감을 유지할 수 있다. 밝은 길 위에 길과 다른 색조의 이미지 리소스가 배치됐을 경우, 반드시 그림자를 추가해야 자연스럽다.

2_ 캐릭터가 지나가는 길과 중경 풀 디테일 위에 스크린 레이어를 약하게 올려 밝게 처리한다. 화면에 좀 더 가까워 보인다. 중경 뒤는 좀 더 멀어 보이기 위해 [daken] 레이어를 올려 누른다. 깊이감이 강조된다.

3_ 근~중 레이어를 모두 끈 후 큰 나무의 디테일을 정리한다. 명암 차이가 너무 크면 원근감이 사라지므로 색조의 차이로 디테일을 올린다.

4_ 80%까지 진행됐다. 근경과 중경의 디테일이 충분히 올라왔고, 원경도 너무 튀지 않으면서도 근경과 구분되며, 안정감 있게 정리되고 있다.

5_ 원경 사이사이에 핑크색~보라색의 색조를 섞는다. 명암 톤이 다르지 않게 색감을 풍부하게 만들어주는 작업이다. 멀리서 넝쿨과 나무들 사이에 빛이 새어들어오는 느낌도 만든다.

6_ 울창한 느낌을 추가하기 위해 큰 나무 기둥 뒤에 멀리 있는 풀 디테일들을 추가한다.

7_ 큰 잎들에 하이라이
트를 넣는다.

8_ 깊은 열대우림 속 사람이 많이 다니지 않는 길을 암시하기 위해 바닥에도 넝쿨의 디테일을 그린다. 이때 바닥의 수
평감을 유지해야 한다.

강의 노트

괜찮은 실루엣의 리소스가 나온다면 꼭 저장해두
자. 다음 작업의 효율에 도움이 된다.

9_ 바닥 넝쿨 앞의 풀을 지움으로써 바닥과 섞이게 한다. 군데군데 색을 바꾸고 그림자를 추가하면서 디테일을 정리한다.

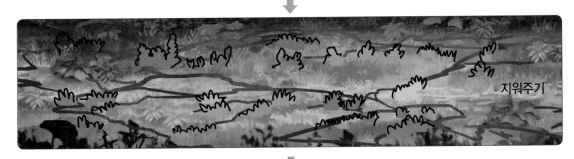

지워주기

강의 노트

게임에서 플레이어가 기억하는 것은 아름다운 스크린샷을 찍기 쉬운 풍경이지만 가장 많이 보게 되는 것은 플레이어의 캐릭터가 이동하는 '길'이다. 게임 속 캐릭터는 이동을 위해 늘 길을 보고 그 위를 걸어야 한다. 지면 디자인을 무시해서는 결코 아트워크를 만들어낼 수 없다. 많은 원화가들이 지루해하는 작업 중 하나지만 가장 많이 공부해야 하는 부분이다.

10_ 시안과 중경의 디테일을 다시 비교해본다. 열대우림은 잎이 크고 풍성한 것이 특징인데, 막상 작업한 이미지는 잎
들의 크기가 전반적으로 작게 들어가 있다. 포인트가 될 만한 것들을 과감하게 확대해 허전하거나 밀도가 떨어져
보이는 부분들을 리터치한다.

1_ 캐릭터 이동 노선에 튀는 명암이나 색상이 있는지, 전체 분위기가 조화롭게 들어가 있는지 확인하면서 마무리한다.

2_ 다음은 레이어를 정리해 분리한 이미지다.

3_ 다음은 인게임 이미지다.

리소스 타일화하기

횡 스크롤 RPG에서는 캐릭터 아래 있는 이미지 리소스가 끊임없이 계속 이어져야 한다. 그 연속성을 만들기 위한 작업 리소스를 '타일화'라고 한다.

1_ 타일화할 리소스를 가져온다.

2_ 리소스를 A와 B로 나눈다.

3_ 이미지의 사이를 가른 후 레이어를 A, B로 분리한다.

4_ A와 B를 B→A가 되도록 바꾼다.

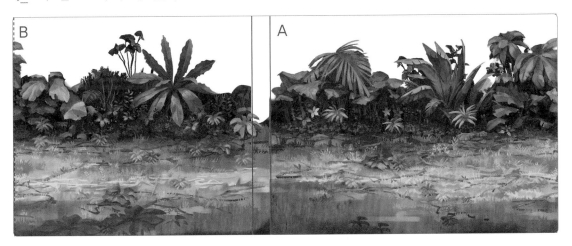

5_ 이때 B와 A 사이가 자연스럽게 이어지지 않는데, 그 위를 덧그려 이어지게 만든다. BA 레이어를 합친다.

6_ 프로그래밍상에서 이미지를 반복해 스크롤되게 한다. 화면상에서 이미지가 끊김 없이 자연스럽게 BABABABABA 로 흘러간다.

4 송 오브 더 월드 - 시공의 경계

주제의 특성상 신비롭고 몽환적인 느낌을 주기 위해 같은 명도에서 부드럽게 한난으로 색 변화가 정리돼야 했다. 한톤을 베이스로 디테일을 정리하고 후반에 난톤을 추가하면서 분위기를 잡았다. 원경이 막혀 있는 곳은 하늘과 지면의 구성물들이 맞닿아 있는 선들의 리듬감을 신경 쓰지 않으면 분위기가 쉽게 답답해진다.

스케치 시안 STEP 01

톱니바퀴가 들어간 이미지가 시공의 경계에 있는 컨셉과 잘 어울리기 때문에 첫 번째 이미지로 결정했다.

 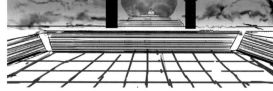

차분한 분위기의 신비한 느낌이 좋다는 의견에 따라 푸른색 바탕에 보라색이 많이 섞인 첫 번째 시
안으로 결정했다.

채색 **STEP 03**

1_ 큰 오브젝트 위주로 전체 색을 칠하고, 근경의 입체감을 만든다.

2_ 원경에 공기 원근을 추가하고 푸른색과 보라색 사이에 저채도의 난 톤을 사용하면서 디테일을 올린다.

3_ 바닥의 밀도를 올리면서 근경, 중경 디테일을 올린다.

4_ 구성상 중경을 반전하는 것이 화면 안의 시선 이동을 지그재그로 만드는 데 도움을 줄 것 같아 반전한 후 원경의 디
테일을 정리한다.

5_ 반복되는 형태가 많아 중경의 건물들을 부숴 리듬감을 추가했다. 근경의 울타리를 중경에 추가해 같은 오브젝트가 작아 보이는 것으로 거리감을 전달했다.

완성 STEP 04

한난 배색을 강조해 색감을 보정한 후 마무리했다.

송 오브 더 월드 – 진화의 숲

횡스크롤 모바일 배경의 특성상 배경 스케일의 자유도가 크지 않다. 공간의 스케일이 클수록 근, 중, 원의 명도 단계와 색의 통일성에 신경 써야 하는데, 그 이유는 보여줄 수 있는 영역이 좁기 때문이다. 근, 중경에 있는 오브젝트를 작게 축소해가며 원근의 착시를 만들고 캐릭터에게 방해되지 않으면서 근경에서 원경으로 갈수록 색이 차분하게 정리되며 멀어지는 느낌을 안정적으로 낼 수 있어야 좁은 공간에서 깊이 있는 거리감을 효과적으로 낼 수 있다.

시안

STEP 01

컨셉은 숲이 살아 있고, 시나리오상 아주 오래전 과거의 건물들과 암세포처럼 자라 있으며, 진화하는 기이한 식물들이 곳곳에 혈관처럼 퍼져 있다. 중요도가 높은 작업일수록 시안을 많이 작업한다. 다음 이미지 외에도 시안이 4~5종 더 있었다. 최종적으로 다음 이미지를 섞어가면서 진행하는 것으로 결정했다.

앞서 작업한 시안을 기반으로 팀원들과 아이디어에 관한 정보를 충분히 공유됐다고 판단한 후 제작에 들어갔다. 시안의 이미지들을 섞어가면서 작업한 스케치다.

채색 ███ STEP 03

1_ 차후 수정에 따른 시간 소모를 방지하기 위해 이 단계에서 반드시 팀원들과 이미지를 공유해 분위기를 확인받는다.

2_ 근경 컬러 디테일을 올린다.

3_ 색과 명도의 공기 원근을 고려하면서 근경, 중경, 원경을 정리한다.

4_ 중경의 실루엣을 잡아가면서 바닥 위주로 디테일을 정리한다.

5_ 중경의 발광 재질 포인트와 식물들의 실루엣을 정리한다.

6_ 근경, 중경 레이어를 모두 끈 후 원경 디테일을 정리한다.

7_ 다시 근경으로 돌아와 밀도를 올린다.

8_ 안개를 추가해 공간감을 만든 후 근경의 디테일 강약을 조절한다.

© TEAM D.T.R.

완성

혈관처럼 퍼져 있는 나무줄기 사이사이에 빛나는 알과 같은 식물들을 심어 포인트를 추가한 후 완
성했다.

송 오브 더 월드 – 땅의 던전

게임 원화를 제작하다 보면 불, 물, 밤, 빛의 던전처럼 속성별 작업을 자주 하게 된다. 많은 아트워크들을 관찰하면서 사람들이 인지하는 속성의 상징적인 디테일을 공부하고, 어떤 컨셉으로 시각화됐는지를 공부해두는 것이 좋다.

시안 STEP 01

요일 던전 중 땅의 던전을 작업하게 됐다. 동굴 사이에 오래된 신전의 기둥과 섞여 있는 나무뿌리들, 땅속 어둠 사이에 들어오는 빛으로 구성물을 만들어 컨셉을 전달했다.

© TEAM D.T.R.

1_ 중요한 디테일들을 그렸다. 원경
으로 갈수록 디테일이 간략해야
원근감을 살리기 좋기 때문에 기
둥의 개수나 나무의 뿌리는 다양
한 형태로 그리고, 그 뒤에 있는
문은 간단하게 그렸다.

강의 노트

작업 시간을 최대한 절약하기 위해 디자인 단계에서부터 구성물을 양산해 풍성하게 보이는 것을 염두에 둔다. 기둥과 나무뿌리는 중경에서 가장 많이 노출되는 곳이기 때문에 2~3종, 원경의 문이 뚫려 있는 벽은 하나만 작업해 필요한 리소스만 만든다.

2_ 바닥 질감의 밀도를 올린다.

3_ 바닥을 제외하고 가장 많은 면
적을 차지하고 있는 기둥을 그
렸다. 하나만 작업 후 복사-붙
여넣기하고 리터치해 작업 시간
을 절약한다.

4_ 기둥 위에 나무뿌리를 그린다.

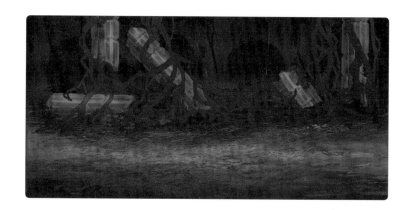

5_ 나무뿌리의 양감을 만든다.

6_ 나뭇잎은 비슷한 형태로 이뤄져 있기 때문에 4~5종으로 그린 후 양산한다.

7_ 위에서 떨어지는 빛을 올린다.

근경의 디테일을 정리하면서 마무리한다.

시안과 결과물의 차이가 클 경우, 기획 의도와 달라져 수정 시간이 많이 걸린다. 늘 초기의 색감과 명암을 유지하면서 완성도의 평균치를 유지해야 한다.

1_ 불의 던전

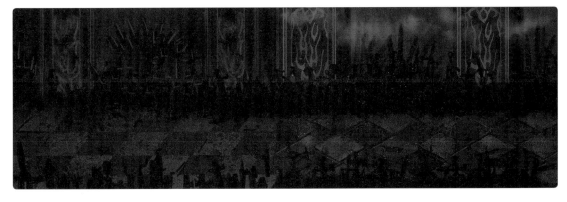

2_ 밤의 던전

3_ 빛의 던전

4_ 물의 던전

5_ 마을

6_ 아지트 버전의 캐릭터 대기 모드 배경

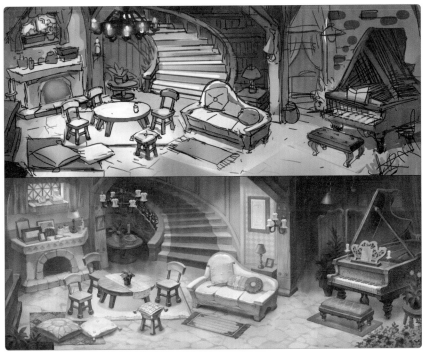

재배소년 – 겨울 온실

화면 위에 교체되는 화분과 물뿌리개가 들어가고, 화면의 중앙에는 캐릭터가 팝업되며 등장하는 신(scene)이 있기 때문에 중앙에 캐릭터가 올라가더라도 캐릭터가 돋보일 수 있도록 명암 대비를 약하게 하고, 색조를 다양하게 바꾸는 식으로 분위기를 살려야했다.

시안 STEP 01

겨울 온실 컨셉으로 작업한 배경 작업의 시안이다. 시안은 스케치 시안, 컬러 시안으로 각 3~4종씩 작업했지만, 남아 있는 작업물은 최종 시안 1종 뿐이므로 이 이미지를 공유한다.

© OWLOGUE

1_ 레이어의 클리핑 마스크를 이용해 디테일을 올려주기 위해 실루엣을 그린다. 창문은 절반만 그려 복사-붙여넣기로 들어갈 예정이기 때문에 반만 그렸다.

2_ 근경, 중경, 원경의 명도를 생각하면서 디테일을 정리했다. 천장의 꽃 디테일을 정리한 후 원경의 성과 산을 작업하고, 근경의 테이블의 디테일을 올리는 순서로 들어갔다.

3_ 창문의 디테일을 올렸다. 앞에서 한 작업과 마찬가지로 절반만 그렸다.

4_ 원경 디테일을 올렸다. 창문 프레임 레이어를 끄고 원경의 디테일을 정리했다.

5_ 다시 창문의 밀도를 올린 후 색이 부드럽게 퍼질 수 있도록 디테일과 색을 정리했다.

중앙에서 퍼져나오는 집중 선 효과를 만들 수 있는 빛을 추가해 완성했다.

재배 소년 – 오브젝트 작업

오브젝트는 배경보다 시선을 잘 붙들고 있어야 하기 때문에 더 강렬한 색상 대비와 확실한 질감 표현이 들어가야 한다. 필자는 배경은 부드러운 톤의 면으로, 오브젝트는 금속 질감으로 만든 강한 명암 대비와 채도 대비의 디테일을 선화 위에 올려 입체감을 만들었다.

겨울 온실과 어울리는 푸른색 보석과 은제 찻잔을 연상시키는 재질과 장식으로 구성했다. 해당 작업 또한 여러 시안이 있지만 남아 있는 이미지가 없어 최종적으로 결정된 시안만 공유한다.

선의 리듬감과 은제 장
식의 세공을 살리기 위
해 내부의 장식도 물결
치듯이 디테일하게 작업
했다.

1_ 큰 범위를 바탕으로 기본
적인 색을 바른다. 은 재
질이 돌처럼 보이지 않도
록 하려면 명암 대비를 분
명히 넣고 밝은색의 노랑
과 파랑을 은은하게 배치
해야 영롱해 보인다.

2_ 선의 강약으로 만들어지
는 입체감을 염두에 두고
선 색을 조절한다.

3_ 배경과 오브젝트가 무테
와 유테로 구분되는 작업
물이기 때문에 구성물 선
의 입체를 좀 더 강조한다.

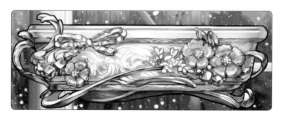

완성

1_ 보석 디테일을 올린 후 차가운 보석의 디테일과 한난 대비를 만들어 서로 색이 강조될 수 있도록 햇살의 따뜻한 느
낌을 반사광으로 추가했다. 화분은 햇살이 보다 덜 닿는 아래쪽에 위치해 있기 때문에 보석에 푸른색을 추가해 서늘
한 은제의 느낌을 강화했다.

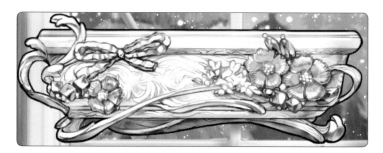

2_ 배경과 오브젝트가 세트로 들어가 있는 이미지다.

재배소년의 배경은 낮에는 낮의 이미지, 밤에는 밤의 이미지로 바뀌기 때문에 밤의 베리에이션도
필요하다.

1_ 배경과 오브젝트가 세트로 들어가 있는 이미지다.

2_ 레이어를 추가로 올린 후 [Soft Light]와 [Overlay] 등
의 블렌딩 모드를 이용해 차가운 겨울밤의 이미지를
완성하고 노란색 불빛을 올렸다.

3_ 다시 창틀 레이어를 켠 후 클리핑 마스크 레이어를 올
리고 블렌딩 모드는 [Multifly], 브러시는 [Air Brush]로
설정하고, 어둡게 칠했다.

4_ 다음은 완성된 이미지다.

재배 소년 – 티파티

이번 파트는 스케치 시안과 컬러 시안의 작업 과정이 모두 남아 있어 작업한 회사의 허락을 받고 공개한 작업 과정이다. 일반적으로 스케치 시안 3종 → 결정된 스케치 시안을 기반으로 3~5종의 컬러 시안 → 최종 시안 결정 → 디테일을 올린 후 완성한다. 필요에 따라 중간중간 초기에 의도했던 컨셉이 안정적으로 진행되고 있는지 확인하는 과정을 거친다. 시안의 디테일은 그린 이의 의도를 보는 이가 알 수 있어야 하기 때문에 너무 러프하지 않게 진행하는 것이 좋다.

시안
STEP 01

① 스케치 시안

티파티를 주제로 총 3종의 시안을 만들었다. 커튼/창문 디테일/샹들리에/티푸드/테이블에서 배경 디자인을 다양화했고, 티파티에 어울리는 찻주전자 형태의 물뿌리개, 케이크나 찻잔 모양의 화분으로 디자인했다. 디테일의 실루엣과 원근을 확인할 수 있는 간단한 명암을 넣어 보는 이가 러프의 디테일을 잘 알아볼 수 있도록 했다.

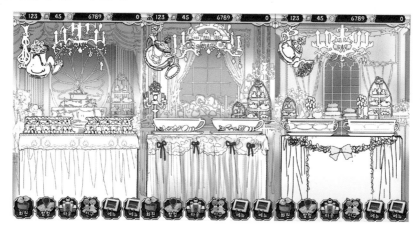

② 컬러 시안

1의 케이크 모양 화분, 2의 배경, 3의 찻주전자형 물뿌리개, 테이블이 선택되었다. 답답해 보일 수 있다는 의견으로 테이블보의 길이는 수정됐다. 고상하고 우아한 분위기를 내기 위해 색의 대비는 저채도의 고명도, 보색으로 5종의 컬러 시안을 제시했다.

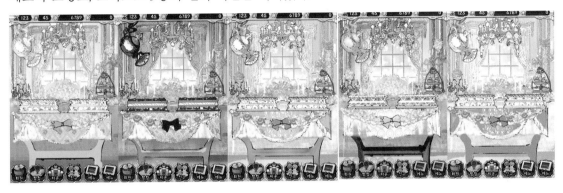

채색

1_ 기존에 나왔던 배경과 겹치지 않고 주제와 잘 어울리는 전제에서 4번 이미지가 선택됐다. 구성물들의 자잘한 장식을 제외하고 실루엣 중심으로 기본 채색에 들어갔다. 보정 레이어의 명도가 가산된다는 것을 염두에 두고 작업해야만 했다.

2_ 큰 면적을 차지하는 배경 장식들의 디테일을 넣고 주
전자와 케이크의 스케치의 선을 섬세하게 그려준 후
기본색을 칠했다.

3_ 배경의 자잘한 장식들을 추가하면서 최대한 시안의 분
위기와 맞췄다.

4_ 배경에 있는 선들의 선을 지우개로 지우면서 작업했
다. 멀리 있는 창가는 원근을 살리기 위해 선을 지우고
면으로 비슷한 명도에서 색상의 차이로 디테일을 정
리했다. 보정 레이어로 빛을 추가하기 위해 어두운 영
역을 미리 깔아뒀다.

5_ 시안의 색감과 분위기에서 벗어나지 않도록 디테일과
색감을 정리한다.

찻주전자는 광택을 강하게 줘 명암 대비를 사용, 케이크는 검은색 선과 크림의 명암 대비, 녹색과 붉은색의 보색 대비로 디테일을 정리하고 마무리지었다.

강의 노트

물건 사이사이의 공간을 캐치하기 어려운 학생들을 위한 팁. 스케일감을 내는 데 익숙해지면 더 쓰기 좋다.

① 톱 뷰에서 구성물들의 배치도를 그린다. 빨간색 박스는
   캐릭터가 이동해야 하는 공간이므로 비어 있어야 한다.

② 바닥의 소실점에 맞춰 배치도를 변형한다.

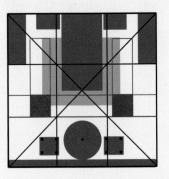

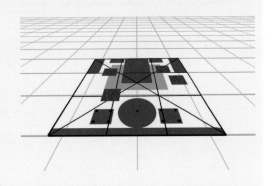

③ 바닥에 펼쳐진 구성물들의 실루엣을 참고해 투시에 맞
   춰 디테일을 올린다. 구성물의 바닥면만 놓고 하는 작
   업이기 때문에 스케일을 참고할 수 있도록 인물이나 벽
   면을 옆에 놓고 작업하는 것을 권장한다.

④ 추가로 구성물을 올릴 때는 ①의 전개도로 돌아가 구
   성물의 바닥면을 추가한다. 그림에서는 하단의 빨간색
   박스로 들어가 있다.

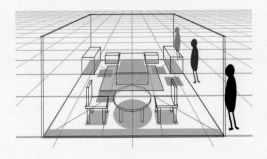

⑤ 기존의 변형된 바닥 그리드에 맞춘다.

⑥ 완성

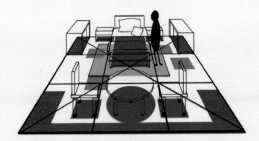

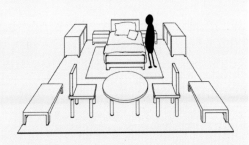

재배소년 – 기타 작업물

배경 리소스가 계속 업데이트되는 콘텐츠는 앞서 작업한 컨셉의 색과 겹치지 않는 방향으로 진행해야 한다. 아주 작게 보더라도 이 이미지가 어떤 배경인지 확인할 수 있어야 하기 때문에 늘 효율적인 배색법을 공부해야 한다.

P　　　A　　　R　　　T　　　0　　　7

BACKGROUND IMAGE

앞서 소개한 방법들을 바탕으로 필자가 어떤 식으로 작업을 진행하는지 정리해놓은 튜토리얼들이다. 필자가 사용하는 구성법과 배색법, 텍스처를 사용하는 방법, 포토샵을 이용한 수정과 보정 방법 등을 최대한 꼼꼼하게 담았다.

07

프로젝트 튜토리얼

마녀와 고양이가 보이는 온실

독자가 따라 하기 쉽도록 투시가 거의 들어가지 않은 스피드 페인팅으로 제작 과정을 준비했다. 다음 이미지에서 투시가 사용된 부분은 1점 투시의 어두운 고양이가 앉아 있는 건물의 선뿐이다. 프레임을 사용해 시선 이동을 어떻게 강조했는지 주의 깊게 살펴보길 바란다.

1_ 여러 섬네일 스케치를 그리기 위해 작은 크기로 가로, 세로폭이 다양한 캔버스를 만들었다.

2_ 캔버스 안에 4~6개의 선을 임의로 긋고, 캔버스 안의 공간을 점차 나눴다.

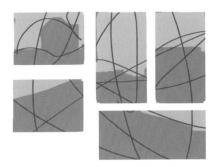

강의 노트

섬네일 스케치(Thumbnail Sketch)는 계획성 있는 그림을 그리기 위한 작은 이미지의 초안을 말한다.

3_ 온실 이미지를 자유롭게 그렸다.

4_ 시안들이 비슷비슷하게 나오지 않도록 눈높이 선이나 포인트의 크기, 밀도를 잡아줄 십자선의 위치가 각 시안마다 다양하게 잡혔는지 확인했다.

1_ 주제와 가장 어울리고, 그리기 쉬운 구도를 결정했다. 필자는 바닥에서 올라오는 투시 선이 보이지 않는 시점을 골라 빠른 완성 속도를 우선시할 수 있는 그림을 그리기 위해 다음과 같은 시안을 선택했다.

2_ 차분한 분위기의 온실 외관을 그리기 위해 녹색을 핵심 컬러로 잡고 밝은 면은 노란색, 어두운 색은 녹색이 많이 섞인 푸른 계열을 미리 많이 뽑았다. 녹색은 노란색과 파란색의 혼색이기 때문에 양쪽 색 모두와 조화롭게 잘 어울린다. 산뜻한 분위기를 내기 위해 밝은 면의 색들은 채도를 높게 잡았다.

강의 노트

• 1점 투시에 가까운, 바닥이 보이지 않는 그림은 투시가 적용되는 면적이 적어 색감과 프레임의 리듬감, 공기 원근만 적용하면 빨리 완성할 수 있다.

• 근경의 입체감을 먼저 잡은 후 중·원경의 면적이 큰 부분을 그려 분위기를 정리하고 다시 근경의 입체감을 정리하는 순으로 디테일을 올리면서 전체적인 완성도와 분위기를 처음부터 끝까지 유지하는 것이 작업 시간의 소모를 줄이고 초기에 계획했던 그림의 주제가 달라지는 것을 막을 수 있다.

팔레트에서 결정했던 색들의 대비가 만드는 분위기가 사라지지 않도록 해야 한다. 디테일을 올리면서 채도가 너무 낮아지지 않았는지, 대비가 약해져 디테일이 뭉쳐 보이지 않는지를 확인하는 것이 좋다.

1_ 근경의 문과 벽, 바닥을 포함하는 사각의 프레임을 그렸다.

2_ 흑백으로 작업한 시안을 참고하면서 빛이 닿는 부분은 노란색 톤 위주로, 어두운 부분은 푸른색 톤 위주로 페인팅했다.

3_ 그다음 영역도 공간을 큰 단위로 쪼개 공기 원근감을 살리기 위해 근경보다 밝은 명도의 색을 칠했다. 이와 마찬가지로 밝은 부분과 어두운 부분을 노란색 톤, 푸른색 톤으로 나눴다.

4_ 근원의 입체감은 명도 차이로 충분히 만들었으므로 중경의 영역을 정리했다. 원경의 명도는 밝게, 근경의 명도는 어둡게, 중경은 그 사이의 명도로 칠해야 색으로 원근을 쉽게 만들 수 있다.

5_ 중경의 디테일을 더 추가해 그렸다. 온실의 프레임이 될 선의 레이어는 분리해야 나중에 완성도를 높일 때 시간을 절약할 수 있다.

6_ 원근에 맞춰 풀과 나무의 색도 칠했다. 온실의 프레임은 시안을 참고해 세로로 좀 더 늘렸다.

7_ 중경의 원근을 유지하는 선에서 색상과 채도를 달리 해가며 나무가 풍성해 보이도록 더 많이 칠했다. 이 때 나뭇잎의 형태가 요약된 브러시나 텍스처로 칠하는 것이 좋다.

8_ 하늘의 영역에 푸른색을 칠하고, 중경의 온실 레이어에 불투명 영역 잠금 기능을 활용해 온실 레이어에 빛이 닿는 부분에 밝은 노란색 톤을 올렸다.

9_ 온실 레이어의 기존에 칠한 색보다 어두운 색을 올려 그림자를 칠해 디테일을 올렸다. 시안에서 계획한 십자선에 해당하는 부분 중 밝은 톤 옆에 어두운 톤을 깔아 명암 대비로 시선을 유도해 밀도를 점차 올렸다.

10_ 시안과 비교하면서 계획했던 대로 진행되고 있는지 확인했다. 근경과 원경의 명도 차이가 더 커야 화면 안의 공간 감이 강조될 것 같아 프레임을 만들고 있는 근경의 영역을 전체적으로 어둡게 수정했다.

11_ 실제 작업 화면이다. 시안과 조색한 팔레트, 작업 화면, 작은 작업 화면([Window-Arrange-New Window for Workspace])을 띄우면 총 3개의 화면이 보인다. 작업 화면은 하나는 흑백, 하나는 컬러를 두고 흑백과 컬러를 바꿔가면서 그림의 전체 분위기와 세부 영역을 동시에 확인할 수 있게 했다.

1_ 중경~원경까지의 전체 분위기가 정리됐으므로 근경의 디테일을 올릴 차례다. 작은 화면을 컬러, 큰 화면을 흑백으로 놓고 전체적인 분위기를 보면서 근경의 디테일을 올려야 한다.

2_ 이 작업에서 근경은 화면 중심으로 시선을 유도하는 역할을 할 뿐, 주제의 영역이 아니기 때문에 명암 대비나 밀도가 너무 올라가지 않도록 조심하면서 작업했다. 필자는 이 단계에서 명암 대비만 확인하기 위해 캔버스의 보기 모드를 흑백으로 바꾸고 작업한다.

3_ 시선을 안쪽으로 더 강하게 유도하기 위해 왼쪽 문을 반사광의 명암 대비로 선을 만들 수 있는 금속 재질로 설정했다.

4_ 오른쪽도 이와 마찬가지로 작업한다.

5_ 벽의 재질은 문보다 반사광이 낮기 때문에 왼쪽
문보다 어둡게 눌렀다.

6_ 근경의 빛의 선은 >자 형태를 갖도록 만든 후 > 모양 안쪽의 디테일
을 올리면 주제가 잘 부각된다.

포인트의 위치

7_ 바닥의 타일을 만들기 위해 타일의 그림자가 될
그리드를 화면 위에 그렸다.

8_ Ctrl+T를 눌러 레이어를 활성화한 후 모양을 바닥 영역에 맞게 변형했다.

9_ 타일의 명도를 벽의 그림자보다 약간 더 어두우면서 그림에서 가장 어두운 명도로 맞췄다. 바닥이 좀 더 가까워 보인다.

10_ 시안과 컬러 화면, 흑백 화면을 동시에 보면서 구성과 색의 원근이 잘 나타나 있는지 확인했다.

11_ ＞ 모양을 강조하기 위해 왼쪽 하단에 하늘의 빛을 타일 위에 사선
으로 약하게 칠했다.

12_ 전체 분위기가 정리됐으면 이제 주제부의 명암 대비를 위주로
한 디테일을 올려야 한다.

강의 노트

작업 화면의 작은 창과 큰 창을 동시에 놓고 작업하는
것이 좋다.

13_ 레이어를 [Darken] 속성으로 올려 빛의 디테일이 올라갈 부분에 그렸다. 빛은 어두움이 충분히 있어야 그리기 편리하기 때문에 어두운 영역의 톤을 미리 정리하는 것이 좋다.

14_ 계단의 하단까지 모두 칠했다.

15_ 중경의 빛에 들어가기 전에 가장 먼 곳의 디테일을 정리했다. 포인트의 영역을 강조하거나 시선이 나가는 것을 막을 수 있는 라인으로 활용하기 좋은 곳이다. 필자는 시선을 유도하는 역할로 잡았다.

> **강의 노트**
>
> 원경의 디테일은 색상 대비와 명암 대비가 그림 안에서 가장 약하게 들어가야 그림의 원근이 흔들리지 않는다.

16_ 전체 이미지의 작은 창에서 원근이 유지되는 것을 확인하면서 브러시의 투명도와 레이어의 투명도를 조절해 칠했다. 색이 스며들듯이 아주 약하고 부드럽게 산맥의 흐름을 묘사해야 했다.

완성도 높이기 STEP 05

1_ 원경의 디테일이 정리됐으므로 다시 중경의 온실로 돌아와 장식물을 올려 중경의 디테일을 충분히 묘사했다.

강의 노트

이 단계에서 빠르게 완성도를 높이고 싶다면, 섬네일 스케치 단계에서 결정했던 십자선을 중심으로 시선 이동을 만드는 영역들만 색상 대비와 명암 대비를 올려 밀도를 만들어줘도 좋다.

2_ 온실 아래의 수풀도 그림자의 디테일을 그려 입체감을 만들었다. 어두운 색으로 갈수록 색조를 파랗게 만들어 색의 한난 대비를 강조함으로써 그림의 분위기를 더욱 생기 있게 만들었다.

3_ 중경에 빛이 닿는 부분을 그렸다. 빛의 흐름은 > 모양을 유지했다.

4_ 하단에서 올라오는 시선의 흐름을 만들기 위해 명암 대비가 선명한 꽃을 그렸다.

5_ 화사한 느낌을 만들기 위해 흰색 꽃 레이어에 에어브러시를 올려 빛이 번지는 느낌을 나타냈다.

6_ 왼쪽 상단 모서리 부분에 선과 선이 겹쳐 시선이 프레임 바깥으로 나가는 것을 방지하기 위해 시선을 안쪽으로 몰아주는 역할을 해 줄 수 있는 방향성을 가진 나뭇잎을 작게 그렸다.

7_ 그림 안의 빛 흐름을 점검했다. 근경에서 포인트까지 시선이 유도 되면서 >자 모양을 강조할 수 있는 빛을 추가했다.

8_ 색조는 햇살의 따뜻한 느낌과 하늘의 푸른색과 대비되는 노란색 으로 그렸고, 화면에서 멀어질수록 눈높이 선에 가까워지기 때문 에 바닥에 닿는 빛을 좀 더 가늘게 묘사해 바닥의 보이는 면적을 좁혔다.

9_ 근경과 중경의 공간을 분리하기 위해 중경의 영역을 라쏘 툴로 선택했다.

10_ >자의 흐름을 유지하면서 근경에 안개가 끼듯이 공기감을 넣었다.

11_ 시선의 흐름을 강조하기 위해 오른쪽 벽에 액자를 하나 추가했다. 뒤쪽 분위기와 디테일을 정리하고 나면 반드시 근경의 원근을 한 번씩 더 점검해야 한다.

12_ 그림 안에 명암과 색조의 대비로 만들어진 선들이 주제부로 충분히 모이고 있는지 확인했다.

13_ 근경에서 중경으로 포인트를 강조하기 위해 주제부를 바라보고 있는 물체를 넣었다. 필자는 주로 방향성을 제시할 수 있는 긴 선을 가진 식물이나 작은 동물, 사람처럼 '시선'을 갖고 있는 실루엣을 주로 활용했다.

14_ 고양이에 붉은 목걸이를 둘러 한난 대비를 미약하게 강조함으로써 디테일을 넣었다. 중심부에 그림 안의 다른 오브젝트와 형태가 겹치지 않는 디자인으로 마녀의 실루엣을 그려넣었다.

15_ 활력이 필요한 주제를 가진 그림일 때는 동적인 물체를 넣는 것이 효과적이다. 필자는 새를 가장 많이 활용했다. 그림 안에 ＞자의 흐름을 유지하면서 새를 그렸다.

강의 노트

주제부는 명암과 색조가 여러 톤으로 나눠 들어가야 밀도가 잘 올라가 주제가 부각되고, 보는 사람의 시선을 오래 고정시킬 수 있다.

16_ 밝은색으로 들어가는 물체는 어두운 영역 위에 그리는 것이 좋다. 흰색 실루엣을 부각하기 위해 새를 그린 레이어 아래에 [Darken] 레이어를 추가해 하늘보다 어두운 색을 깔았다.

17_ 레이어의 투명도를 원근을 유지하면서 새가 부각될 수 있을 만한 명도로 낮췄다. 마녀와 어울리는 마법적인 느낌을 내기 위해 새 실루엣 주위에 부드러운 브러시로 흰색 빛무리를 만들었다.

18_ 그림 안의 주제를 강조하기 위해 축소되는 프레임의 비율과 시선의 흐름, 시선이 나가는 것을 막는 장치가 충분히 들어가 있는지, 빼거나 더 추가할 것이 있는지 확인했다.

19_ 다음은 완성된 이미지다.

2 기묘한 상점

다음은 섬네일 단계에서 바로 채색하기 위해 원근을 명도로 정리하고, 저채도로 구성물을 그린 후 빛을 가장 나중에 올려 색상과 명암 대비를 만들면서 그림의 원근과 시선 이동을 정리했다. 이 작업 또한 1점 투시를 기반으로 제작됐으며, 2점 투시가 들어간 오브젝트는 근경 테이블의 작은 케이스와 쇼케이스뿐이다. 명암 대비를 집중 선 모양으로 배치하고 색상 대비를 프레임적으로 강조함으로써 그림 안의 시선 집중을 유도한 것을 주의 깊게 살펴보기 바란다.

섬네일 스케치는 처음 그린 한 장이 마음에 들어 바로 제작에 들어갔다. 빛의 흐름을 기반으로 한 시선 이동과 구성물의 리듬감을 위주로 제작했다. 그러나 섬네일 단계에서 주의 깊게 고려하지 않은 만큼 나중에 색과 구성을 추가로 고민해 수정하게 됐다.

1_ 동양풍의 실내에 원형의 창문에서 들어오는 역광을 그리기 위해 화면 중앙에 주광을 설정하고, 그 앞에 오브젝트를 배치해 그림자의 명암 대비로 시선을 잡기로 했다.

2_ 투시는 한 점으로 모이는 1점 투시로 결정한 후 가로 선, 세로 선은 투시가 적용되지 않으므로 모두 수직과 수평으로 화면을 분할했다.

3_ 큰 프레임 위주로 화면의 분할을 정리한 후 투시가 적용된 선과 적용되지 않은 선의 길이를 확인하고, 화면 분할의 리듬감이 적절한지 확인했다.

4_ 분할된 공간을 기준으로 시선의 이동을 결정했다.

5_ 창문에서 뻗어나오는 빛을 이용해 시선이 이동되는 위치를 중심으로 명암 대비를 강화했다.

섬네일 스케치의 디테일과 원근 정리

1_ 이 그림에서 바로 채색하기 위해 화면 안에서 명도 차이를 이용해 원근을 만들어야 한다. 화면 전체의 명도를 밝게 올렸다.

2_ 그리는 사람의 시점에서 가장 가까운 오브젝트의 명도를 거리 순서대로 조절해 화면 안의 공간을 앞, 뒤로 나눴다.

 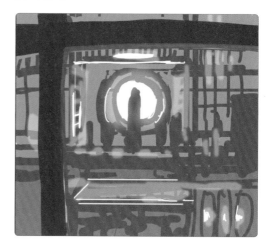

3_ 디테일을 올리기 위해 스케치 위의 물건을 이 비워진 공간에 그렸다.

강의 노트

실내에 물건이 많은 공간을 그릴 때는 빈 공간을 먼저 그린 후 물건을 복사-붙여넣기하고 변형하거나 리터치하는 것이 효율적이다.

4_ 레이어를 하나 띄워 중앙의 창 양쪽에 들어갈 나무의 프레임을 넣기 위해 평면에서 나무 살의 실루엣을 그렸다.

5_ 이 장식은 보는 사람의 시선을 그림의 중앙으로 자연스럽게 모이게 하는 집중 선의 역할을 할 것이다. 원의 중앙에 설정한 소실점에 맞춰 장식의 모양을 변형했다.

6_ 초기 스케치에서 잡았던 Z 모양의 시선 이동을 만들기 위해 원을 가로지르는 방향의 벽면 문양을 그렸다.

이 그림은 디테일을 명암으로 정리했기 때문에 그림 위에 색을 올려가면서 색상 대비를 확인했다.
색의 위치는 그림의 명도를 기반으로 배치하는 것이 좋다.

1_ 화면의 명도 위에 색을 조색해 배색을 결정했다.
가장 많은 면적을 차지할 목조의 갈색을 기반으
로 주광의 색은 노랑~주황, 그림자의 색은 색상
환에서 노랑~주황과 대칭 위치에 있는 남색의
영역으로 잡았다. 원근이 정리된 명도와 최대한
비슷한 명도의 색으로 잡는다.

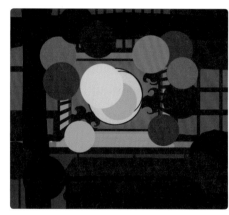

2_ 조색한 색을 기반으로 그림의 원근을 지켜가면서 정리
했다. 주광 쪽에서 멀어질수록 채도가 낮거나 색상을
푸른색으로 배치했다. 그 외의 색은 채도와 명도가 낮
고 어둡게 들어갔다.

3_ 레이어를 새로 추가해 오른쪽에 시선이 나가는 것을
막고, 안쪽으로 유도할 수 있는 쇼케이스를 그렸다. 시
선이 바깥으로 나가는 것을 막고 위로 올려줄 것이다.

강의 노트

- 주황색은 그림을 완성하면서 다홍색~빨간색으로 바꿔 색상 대비를 강조했다. 색상환을 기준으로 청록색 계열의 보
색은 다홍색~빨간색이기 때문이다.
- 명암 대비를 입체적으로 만들기 위해서는 어두운 색을 먼저 사용하고, 밝은색은 그림의 형태를 전체적으로 잡은 후에
사용하는 것이 좋다.

4_ 쇼케이스의 바닥을 그렸다. 바닥이 많이 드러나는 부분은 소실점을 이용해 투시를 맞췄다.

5_ 프레임과 같은 색을 스포이트로 찍어 쇼케이스 안에 들어갈 유리병의 틀을 만들었다.

6_ 틀에 모양을 내고 투명감을 내기 위해 지우개를 에어브러시로 바꿔 내부를 지웠다.

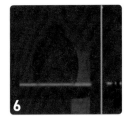

7_ 복사-붙여넣기를 이용해 쇼케이스 안에 하나씩 넣었다.

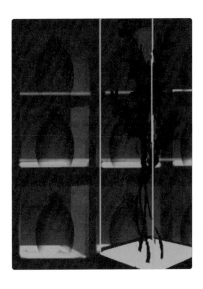

8_ 유리병 안에 들어갈 소품을 그렸다. 유리병 위에 반사되는 빛의 디테일이 들어가기 때문에 안에 들어갈 물건은 디테일하게 그리지 않는 것이 좋다. 밝은 톤과 어두운 톤으로 나눠 요약된 형태의 수정을 그린 후 다양한 색으로 양산해 채운다.

9_ 유리병에 반사되는 빛의 색을 넣었다. 바닥보다 반사광이 높은 재질이므로 바닥보다 밝은색을 올려야 명암 대비의 차이로 재질감을 잡을 수 있다.

강의 노트

작은 오브젝트들을 다른 색으로 양산할 때는 Ctrl + U 를 누르면 나타나는 창에서 색상 바의 화살표를 좌우로 바꿔가면서 조절하는 것이 좋다.

10_ 근경과 중경의 디테일을 한두 단계씩 올렸다. 왼쪽의 책장은 시선이 집중되지 않는 부분이기 때문에 색을 한 톤 추가하고, 아래의 테이블은 위에 유리를 올릴 계획이기 때문에 바닥을 그려주며, 화면 근경에 있음을 고려해 두세 톤으로 나눠 올렸다.

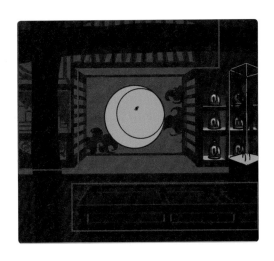

11_ 근경의 입체감이 부족하기 때문에 근경의 디테일을 올렸다. 나중에 유리를 올려 반사되는 빛이 위로 들어갈 예정이기 때문에 유리병 안의 수정을 그렸던 것처럼 디테일하게 그리지 않고, 채도는 낮게 한두 톤으로 실루엣만 그렸다.

12_ 중앙에 들어갈 촛대를 그렸다. 같은 거리의 나무 프레임에서 색을 찍어 약간 더 어둡게 그렸다. 그림에서 가장 중요한 주제부가 될 예정이기 때문에 실루엣은 ╋ 모양으로 리듬감을 넣어 디테일하게 그렸다.

강의 노트

- 레이어 2개를 새로 추가해 블렌딩 모드를 [Darken], [Lighten]로 만든 후에 작업하면 명도로 만든 원근을 지키면서 색을 올리기 쉽다.
- 필자는 그림의 모든 레이어를 구분해놓기보다 나중에 디테일을 올릴 예정인 것들만 분리해놓는다. 촛대는 그림에서 주제부에 위치해 있기 때문에 레이어를 분리해야 작업하기 편리하다.

13_ 가운데 원 안에 있는 긴 촛대의 위치를 옮기고, 장식적 요소를 더 부각할 보조 장식용 촛대를 하나 더 그려 배치를 수정했다.

14_ 보조용 소품은 하나만 그린 후 시선을 유도할 수 있는 도형 안에서 길이를 늘리거나 복사 – 붙여넣기해 형태를 바꿔가면서 양산하는 것이 효율적이다.

15_ 위로 올라가는 시선을 아래로 내릴 조명(시선 유도)과 아래로 내려오는 시선을 위로 올릴 매트(시선이 나가는 것을 막는 장치)를 하나씩 더 추가했다. 매트의 끝을 약간 빠져나오게 그리면 선과 선의 겹침을 하나 더 만들기 때문에 시선을 유도하는 데 도움이 된다.

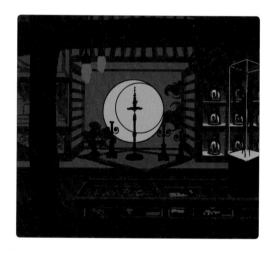

강의 노트

그림의 주제에 십자 선(+) 또는 삼각형 틀(△), 원(○), 마름모(◇)을 넣으면 시선이 주제로 잘 모인다.

16_ 매트 위에 문양을 올려 중앙의 밀도를 더 올렸다. 매트 위에 ＞자로 꺾이는 모양이 들어가면 창문의 초승달과 연결 돼 S자의 형태가 나타나면서 그림 안에 부드러운 선의 흐름을 만들 수 있을 것 같아 동양풍의 문양을 그렸다. 위에 매트를 가리는 소품이 많기 때문에 디테일하게 그리지 않았다.

17_ 모양을 변형해 매트의 프레임에 맞췄다.

18_ 모양을 변형하고 나니 매트 위에 만들어진 산의 선이 가운데 촛대와 겹쳐 디테일이 뭉치는 느낌을 만드는 것이 예쁘지 않아 지웠다(Part 02의 '구성물의 실루엣이 겹쳐 불명확한 것을 피하기' 참조).

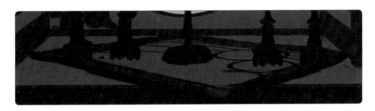

19_ 산의 문양은 촛대의 바닥과 닿지 않게 수정해 S자 선의 디테일이 더 분명하게 나타나도록 했다. 그리고 매트의 어느 쪽에서 시선이 시작하더라도 시선이 가운데로 모이도록 매트의 양쪽 끝에 끈 장식을 달았다.

20_ 조명을 추가해 아래로 내려오는 시선이 매트에 튕겨 위로 올라가면서 주제부를 지나가는지 확인했다.

21_ 화면의 오른쪽에서 가운데 방향으로 모이는 시선을 강조할 장식을 추가했다. 박스는 장선을 넣기 쉽고, 모양이 심플하기 때문에 활용하기 쉽다.

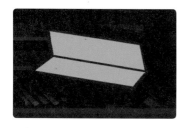 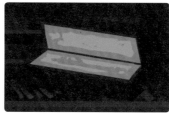 

22_ 그림을 흑백으로 바꾼 후 그림의 구성과 원근, 시선의 흐름을 확인했다.

1_ 근경의 원근을 강조하기 위해 유리 위에 빛이 반사되는 느낌을 점으로 그렸다.

2_ 근경의 디테일을 올린 후 포인트의 디테일을 올렸다. 브러시를 에어브러시로 바꾼 후 촛대가 그려진 레이어를 선택해 투명 영역을 잠그고 촛대에서 빛이 닿는 부분을 에어브러시로 칠했다.

3_ 촛대의 그림자 영역에서 스포이트로 색을 선택해 곡면이 0자형이 아닌 ㄱ자로 꺾이는 부분 아래의 선을 분명하게 정리했다.

강의 노트

브러시 모드는 [Darken]과 [Lighten]으로 바꿔가면서 작업했다.

4_ 소품의 빛이 모두 동일하게 들어가면 그림이 평면적이 된다. 형태는 양산해 제작하더라도 빛은 위치에 따라 다르게 그려야 그림이 입체적으로 보인다. 중앙에서 퍼져나가는 느낌으로 사선의 빛을 넣었다.

5_ 포인트가 되는 부분은 빛을 한 톤 더 올렸다. 촛대는 금속임을 감안해 빛이 닿는 부분은 기존 촛대에 그려진 색보다 훨씬 밝게 들어가 선명한 명암 대비가 나타나야 했다.

6_ 달이 그려진 창문 주변 문양의 명암 대비가 선명해 그림이 산만한 느낌이 들었다. 창문의 원형을 좀 더 강조하면서 밀도를 올릴 필요성이 있어 구름 모양의 문양과 같은 색으로 격자무늬를 그렸다.

7_ 벽면 위치에 해당하는 면적만 남겨둔 채 모두 지웠다. 중앙의 원과 십자선이 더욱 부각됐다.

8_ 촛대의 십자선을 더 강조하기 위해 창 중앙 부분의 명
도를 좀 더 밝게 처리하고, 근경에 유리컵과 메모지를
추가해 밀도를 올렸다.

9_ 화면 아래에서 시선을 위로 팅길 장치가 더 강조돼야
할 것 같아 창문에서 뻗어나오는 빛을 U자형으로 그
렸다. 유리컵과 오른쪽에 있는 식물이 들어간 유리관
을 이용했다.

10_ 시선 유도가 더 강조돼야 하는 부분들이 있는지 확
인한다. 이 단계에서는 집중 선과 원, 사각형, 십자선
으로 강조돼 있다.

11_ 시선이 지그재그로 흘러가 위에서 아래로 내려오면서 다시 올라가 계속 화면 중심부로 맴도는 느낌이 필요하다고 판단했다.

12_ 화면 왼쪽 상단에 그린 나무의 틀이 시선을 너무 일찍 차단시켜 그림의 흐름을 답답하게 만드는 느낌을 주는 것 같아 삭제했다.

13_ 시선이 나가는 것을 막고 아래로 내려가는 것을 도와줄 반원의 장치를 추가했다. 시선 유도를 강조해줄 ▽ 모양의 틀을 만들 뿔이 달린 박제 장식을 추가했다.

14_ 조명의 위치를 옮기고 반원의 흐름을 강조할 촛대 와 나무 기둥의 프레임에 액자를 걸어 시선을 가운 데로 몰 수 있는 장치와 새로운 조명을 더 추가했다.

15_ 정리한 시선의 흐름과 시선이 나가는 것을 막는 장 치는 다음과 같다.

강의 노트

화면 가장자리에 아랫방향 화살표(▽) 모양의 장식이 추가되면, 시선은 화살표 모양의 장식이 유도하는 쪽으로 몰린다. 화 살표의 끝이 주제를 가리키면 더욱 효과적이다.

16_ Z자의 시선 흐름을 만들기 위해 근경과 중경에서 서 로를 바라보는 인물을 한 명씩 추가했다.

17_ 위에서 내려오는 시선의 흐름을 강화하기 위해 화 살표 모양 아래에 밀도를 올릴 수 있는 장식을 추 가했다.

18_ 창문에서 비치는 빛을 인물 위에 측광으로 올렸다. 명암 대비로 인물의 형태가 잡히고, 그림 중앙의 밀도가 좀 더 올라갔다.

19_ 이 단계에서 시선의 흐름과 시선을 유도하고 시선이 나가는 것을 막는 장치를 확인하면 다음 그림과 같다.

강의 노트

시선을 유도하는 장치로는 보는 사람이 몰입할 수 있는 인물들의 시선 교차를 넣는 것이 가장 강력하다. 그 사이에 주제부를 위치시키면 보는 사람의 시선이 인물이 보는 방향을 따라가면서 주제를 자연스럽게 확인할 수 있다.

완성도 높이기 STEP 05

1_ 색과 빛을 더 풍부하게 만들면서 그림 전체의 완성도를 높여야 한다. 인물 레이어는 잠시 꺼둔다. 에어브러시를 이용해 창문에 칠해진 달의 노란색을 그림에 넓게 칠했다.

2_ 빛을 그리기 위해 그림 전체의 색상을 조절하면서 명도를 낮췄다.

3_ 명암을 좀 더 섬세하게 쪼개 밀도를 올릴 필요가 있다. 앞의 그림보다 명도를 어둡게 낮춘 색을 새 레이어를 [Multifly]로 추가해 그림자의 디테일을 올렸다.

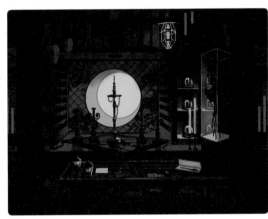

강의 노트

필자는 이럴 때 레이어 블렌딩 모드의 [Multifly]와 [Overlay] 2개를 추가한 후 브러시의 투명도를 조절해가면서 작업해 색상과 원근을 강조한다.

4_ 색상 대비를 좀 더 추가하기 위해 Ctrl을 누른 채 [Multifly] 레이어를 클릭하면 해당 레이어에서 색이 칠해진 불투명 영역만 선택된다. 레이어 창 하단부의 [fx] 버튼을 클릭해 [Inner Glow]와 [Outer Glow]로 그림의 밝은 면에는 따뜻한 빛의 색, 어두운 면에는 차가운 빛의 색을 추가했다. 그런 다음, [Overlay] 모드의 레이어를 하나 더 추가에 중앙부의 노란색 빛을 더 강조한다. 그림이 드라마틱하게 바뀌었다.

강의 노트 그림의 한난 톤을 쉽게 추가하기

① 명암 레이어를 기준으로 잡고 레이어 창 하단부에 [fx] 버튼을 눌러 [Inner Glow]에 체크한 후 블렌딩 모드의 [Color Dodge]로 푸른색을 추가한다.

② [Outer Glow]도 체크해 블렌딩 모드의 [Overlay]를 선택했다. 투명도, 노이즈, 스프레드, 크기는 그림을 보면서 색이 너무 튀지 않게 조절한다.

③ 블렌딩 모드는 그림을 확인하면서 원하는 것으로 바꿔도 좋다. 이 방법을 이용하면 그림 안에 한난 대비를 강조해 색을 풍부하게 만들 수 있다.

5_ 명암 대비를 관찰하기 쉽도록 같은 작업 창을 하나 더 추가해 화면의 뷰 설정을 흑백 모드로 바꾼다. 포토샵에 띄워진 실제 작업 화면은 오른쪽과 같다.

6_ 흑백으로 바꾼 작업 창에서 주광의 방향과 그림 속 시선 유도를 고려해가며 명암 대비의 디테일을 올렸다.

7_ 컬러 작업 화면으로 되돌아갔다.

강의 노트

작업 화면에서 메뉴 바의 [View-Proop Setup-Custom-Sgray]를 선택한 후 Ctrl+Y를 누르면 작업 화면의 뷰 설정이 컬러에서 흑백으로 바뀐다. 다시 컬러로 보고 싶다면 Ctrl+Y를 한 번 더 누른다.

8 _ 다시 근경으로 돌아와 보조등의 디테일을 올렸다.

9 _ 레이어를 추가해 모드를 [Color Dodge]로 바꾼 후 보조등의 빛이 닿는 곳에 색을 추가했다. 그림 안의 색상 대비가 강조됐다.

10 _ 근경 테이블의 빛이 반사되는 디테일을 올리기 위해 눈높이 선을 기준으로 화면 상단을 복사-붙여넣기 한 후 반전했다.

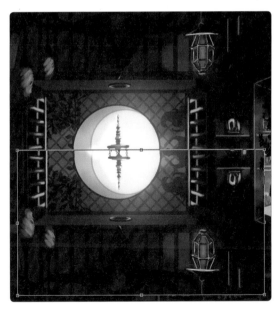

11_ 투명도를 낮춘 후 지우개를 에어브러시로 바꿔 유리 상판 위에 빛이 반사된 느낌을 남기는 방식으로 테이블 위에 밀도를 만들었다.

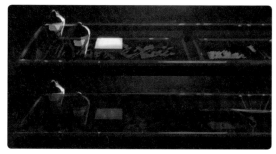

12_ 창문에서 뻗어나오는 빛을 집중 선 느낌으로 강하게 추가했다. 빛이 모이는 방향으로 시선이 집중되는 것을 느낄 수 있다.

13_ 꺼뒀던 인물 레이어를 다시 켠 후 투명도를 낮췄다. 인물 레이어의 아랫부분은 에어브러시 모양의 지우개로 살짝 지웠다.

14_ 빛이 들어오는 방향을 고려해 인물들의 디테일을 올렸다. 이때 사용한 색은 인물 레이어에 투명도로 조절돼 나타난 색을 그대로 사용했다.

강의 노트

위 방법을 사용해 디테일을 올리면 그림의 색이 회색조가 돌기 쉽다. 또한 위 그림처럼 색상 대비가 약하도록 디테일이 들어가야 하는 곳에 사용하기도 좋다.

15_ 보조등의 붉은색을 그림에 추가했다.

16_ 인물과 배경에서 명도가 비슷하게 잡혀 공간감이 나
타나지 않는 부분들은 공기의 색을 추가해 공간감을
살렸다. 양초의 색도 추가함으로써 그림 중앙의 밀
도를 강화했다.

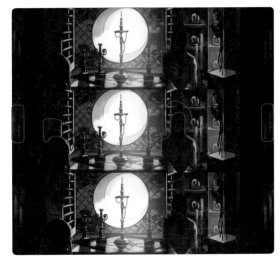

강의 노트

색상을 추가하면 색상 대비가 올라간다. 색상 대비는 시선을 집중시키기 때문에 프
레임적인 구성이나 시선 이동을 유도하는 방향에 색을 추가하는 것이 좋다.

17_ 그림 전체의 명암 대비가 올라가면서 중앙이 묻히는
느낌이 든다. 명암 대비를 더 이상 올리기 힘들 경우,
색 대비로 밀도를 올려주는 것이 효과적이다. 벽지의
문양에 푸른색이 감돌기 때문에 한난 대비를 추가하
기 위해 벽지의 격자에 붉은색을 추가했다. 이때 붉
은색은 시선의 이동 중심으로 그려야 그림 안의 흐
름을 유지할 수 있다.

18_ 인물 때문에 오른쪽으로 나갈 수 있는 시선을 차단하기 위해 오른쪽 쇼케이스 안에 있는 식물에 반사된 보조등 모
양을 추가했다. 중앙 촛대들의 세부적인 그림자를 한 톤 추가해 밀도를 올리고 그림을 완성했다.

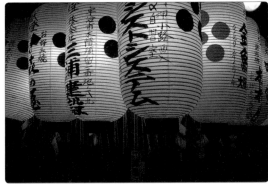

야외 카페

이번 작업은 2점 투시의 실내 공간으로, 러프하게 분위기만 보여주는 용도의 그림을 그리기 위해 별도의 섬네일 스케치 없이 바로 들어갔다. 기초 작업을 이렇게 단순하게 들어갈 경우, 예상과는 다른 그림이 나올 수 있다. 일로써 작업할 때는 섬네일 스케치를 컬러까지 여러 장 작업하고 들어간다. 이 그림은 한난 대비를 강조하거나 풀어내는 식으로 원근을 만들고 디테일을 올리는 것을 주의 깊게 살펴본다.

초반 계획 STEP 01

그림의 전체적인 실루엣은 간소하게 작업했다. 팔레트는 작업했던 이미지에서 따왔고, 스케치가 단순하기 때문에 작업에 앞서 수집한 이미지 보드를 많이 참고하면서 작업했다.

① 주제는 '호수가 보이는 꽃이 만발한 야외 고양이
　 카페'다. 러프한 선으로 눈높이 선을 정하고 천장
　 의 아치와 바닥의 테이블, 간략한 투시 선의 실루
　 엣만 그린다.

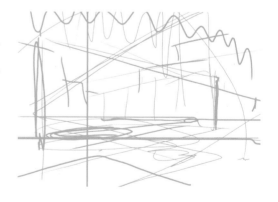

② 색감은 이전에 작업했던 이미지를 참고했다. 노란색 햇살과 푸른색 바다의 색으로 한난 톤을 나
눈 후 화사한 핑크빛을 훨씬 더 많이 섞을 계획이다.

③ 오른쪽 그림은 필자가 참
고했던 이미지다.

투시를 만들면서 스케치하기

1_ 투시는 바닥부터 작업하는 것이 좋다. 체스 보드 모양의 타일 패턴을 만
든다. 패턴은 정사각형으로 만드는 것이 거리감을 관찰하기 좋다.

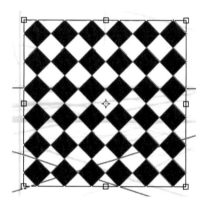

강의 노트

이 단계는 타일과 테이블, 의자, 울타리를 면으로 작업한 후 투시 모양에 맞춰 변형해 색을 마스킹하며 칠하기 위한 기
초 작업이다. 레이어를 합치지 않고 하나하나 바닥/테이블/울타리/천장 장식 등으로 레이어를 분리해두는 것이 좋다.

2_ 타일을 눈높이 선 위에 있는 소실점 방향으로 축소해 타일
의 크기로 원근을 만들었다.

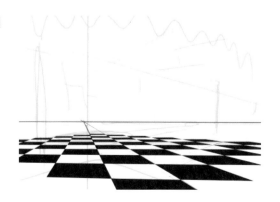

강의 노트

① 1점 투시의 소실점과 2점 투시의 소실점은 공존할 수 있다. 눈높이 선 위에는 여러 개의 소실점이 공존할 수 있기 때문이다.

② 2점 투시의 소실점은 한쪽 방향의 소실점을 정한 후 정사각형을 만들어 사각형의 반대쪽 끝이 눈높이 선에 위치하게 만든다.

③ 눈높이 선과 사각형의 반대쪽 끝이 겹친 점을 반대 방향의 2점 투시 소실점으로 만들면 자연스러운 2점 투시 그리드를 그릴 수 있다.

④ 이때 눈높이 선 근처에서 작업 화면의 영역을 잡아야 시야각의 범위(PART 03 참고)에서 벗어나지 않고, 어색한 투시 선을 피할 수 있다.

3_ 투시 선에 맞춰 왼쪽 아래 모서리로 시선이 나가는 것을 막
을 박스를 하나 만든 후 천장에서 흘러나오는 넝쿨로 위쪽
으로 시선이 나가는 것을 막는 장치를 추가했다.

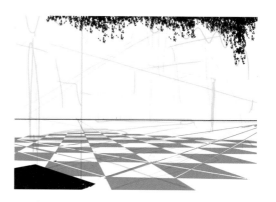

강의 노트

필자는 브러시로 그렸지만, 이런 이미지는 그리는 사람
의 편의에 따라 풀 모양의 텍스처를 사용할 수도 있다.

4_ 정사각형의 틀 안에 테이블과 의자를 넣고, 대각선을 바닥 투시 선에 맞춰 변형했다.

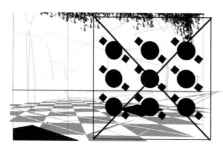 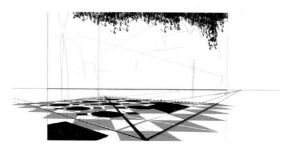

5_ 옅은 색으로 그렸던 초벌 스케치 레이어를 끈 후 앞에서 투
시에 맞춰 작업한 테이블과 의자에 다리를 그렸다.

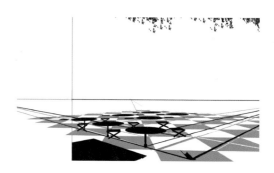

6_ 소실점에 맞춰 울타리의 높이와 위치를 투시에 맞춰 큰 틀
로 잡았다.

7_ 울타리 리소스를 만들고 길이를 늘린 후 앞의 그림에서 만든 투시 박스에 모양을 변형해 넣었다.

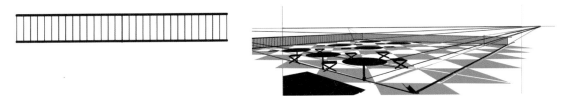

8_ 반대쪽 울타리는 모양을 변형한 울타리를 복사-붙여넣기-반전한 후 확대해 부족한 부분의 디테일을 채웠다.

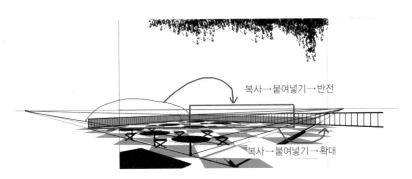

복사→붙여넣기→반전

복사→붙여넣기→확대

9_ 스케치 레이어를 다시 켠 후 주제가 될 위치에 아치형의 천장을 만들고 원근을 강조할 가로등을 그렸다.

10_ 바닥 타일의 소실점을 중심으로 1점 투시의 아치형 천장 프레임의 디테일을 그렸다.

11_ 반대쪽 천장은 이미지를 반전해 채운 후 부족한 디테일은 소실점에서 투시 선을 연장해 만들었다.

12_ 가로등의 세로 선들이 프레임의 선과 패턴이 겹쳐 형태가 불분명해졌다. 원근을 살릴 수 있는 디테일은 나중에 추가하기로 했으므로 삭제하고, 근경 아치 프레임의 디테일을 추가했다.

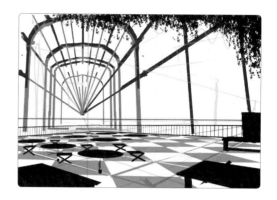

13_ 식물을 올리기 위한 철망 리소스를 그린 후 철제 프레임 사이에 모양을 변형해 채웠다.

14_ 반대쪽 철망은 아치형 프레임을 그렸던 것처럼 반전해 채웠다.

15_ 스케치 레이어를 제거한 후 철망의 아랫부분 울타리와 겹치는 부분은 멀어서 흐려 보여야 하기 때문에 지우개 모양을 에어브러시로 바꿔 원근감을 만들었다. 아치형 틀 안쪽의 소실점을 향하는 선들도 지웠다.

기본적인 오브젝트들의 면이 정리됐으면 이제 원근에 따라 색을 넣어야 한다.

1_ 근경의 테이블부터 원경의 테이블까지 두세 톤으로 나눠 뒤로 갈수록 노란색 햇살이 섞이는 듯이 색조와 명도를 바꿔가며 채워넣었다.

2_ 바닥의 타일에도 색을 넣었다. 타일 레이어만 활성화해 빛이 닿는 부분과 닿지 않는 부분의 색을 한난으로 나눠 칠했다.

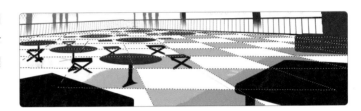

3_ Ctrl+Shift+I를 눌러 타일의 바깥 영역도 칠했다. 아치 바깥에서 빛이 들어올 예정이기 때문에 카페에 빛이 닿는 바닥 영역은 좀 더 밝은 빛으로 칠했다.

4_ 가장 아래에 있는 레이어를 선택해 하늘의 색을 칠했다.

강의 노트

- 레이어의 선택 영역이 활성화돼 있을 때 Ctrl+Shift+I를 누르면 선택 영역이 선택되지 않은 영역들로 반전된다.
- 하늘은 수평선에 가까울수록 공기의 색이 겹쳐 밝아진다.

5_ 수면의 색도 칠했다.

6_ 아치형 프레임과 철망 색을 넣었다. 프레임으로 사용해 그림을 강조할 것이기 때문에 어두운 녹색을 깔았다.

디테일 채색 STEP 04

1_ 전체 톤이 정리됐으므로 근경, 중경 순으로 디테일을 올려야했다. 앞 테이블과 의자보다 밝은색으로 뒤 테이블과 의자의 남은 부분들의 디테일을 올렸다.

2_ 앞서 그렸던 천장의 풀들을 복사-붙여넣기-잘라내기-변형 등을 이용해 적절히 축소해가면서 아치형의 프레임에 흘러내려오는 식물을 만들었다. 테이블과 의자처럼 원근을 만들기 위해 명도를 밝게 하고, 색상은 푸른색 톤을 추가했다.

3_ 식물들이 겹쳐진 형태를 만들기 위해 풀잎 모양의 형태가 요약된 브러시로 프레임 레이어 아래에 밝은 녹색의 식물을 추가로 올렸다.

4_ 빛이 새어들어올 부분의 색은 노란색으로 바꿔 칠했다.

5_ 어두운 녹색과 밝은 녹색 사이의 중간 색을 새로 조색해 프레임 레이어 위로 식물의 디테일을 추가함으로써 좀 더 풍성하게 만들었다.

6_ 앞의 그림에서 지웠던 가로등을 대체할 근경, 중경, 원경의 거리감을 만들 장치가 필요하다. 타원형의 나무를 크기와 색에 원근을 만들면서 넣었다. 근경의 테이블 위에도 색이 선명한 풀을 간략하게 넣어 근경의 디테일을 올렸다.

7_ 중경의 묘사가 안정됐으므로 근경의 디테일을 올려야 했다. 근경의 테이블 위에 풀과 꽃을 그려 올렸다. 꽃은 3개 정도만 그려 복사 - 붙여넣기 후 빛을 다르게 넣어주는 방식으로 풍성한 느낌을 만들었다.

8_ 원근을 강조하기 위해 나무 하단에 푸른 공기의 색을 올렸다.

9_ 테이블의 디테일을 올리기 위해 테이블 위에 올라갈 레이스보를 만들었다. 레이스보는 1/4만 그린 후 복사−붙여넣기해 레이스 모양을 만든다.

10_ 근경과 원경을 디테일로 쉽게 구분하기 위해 앞쪽의 테이블에만 레이스보의 모양을 변형해 올렸다.

11_ 꽃의 색과 형태를 분홍색 계열의 3종으로 나눠 올렸다. 근경 꽃의 형태는 디테일이 뚜렷하고, 꽃잎을 크게 그려 원근을 강조했다.

강의 노트

형태와 색조의 원근은 디테일을 앞뒤로 나눈 후 필요에 따라 사이사이를 채워주는 것이 그림의 전체를 확인하면서 디테일을 올리기에 유용하다.

12_ 아치형 프레임의 중앙 시선이 몰리는 위치에 인물을 올렸다. 명암 대비가 뚜렷해 시선이 잘 모일 수 있도록 어두운 머리에 흰색 모자와 원피스를 입은 여자를 그렸다. 주변의 인물은 그림자 속에 들어 있는 느낌으로 어둡게 칠했다.

13_ 가운데 흰색 옷을 입은 여자를 감싸는 느낌으로 인물을 추가했다.

14_ 포인트를 살릴 선명한 빛의 흐름이 들어가기 전 그림을 흑백으로 바꿔 원근과 시선 이동을 살펴봤다. 가장 가까운 곳의 테이블 위에 있는 꽃과 천장 프레임에 있는 꽃의 명도가 비슷해 근경의 원근이 약한 느낌이 든다.

15_ 레이어를 추가해 속성을 [Darken]으로 바꾼 후 근경 테이블의 꽃의 밝기를 푸른색 톤으로 어둡게 눌러 색상 대비와 명암 대비를 줘 구분했다.

16_ 근경과 중경의 디테일이 적당히 잡힌 후 원경의 디테일을 정리했다.

강의 노트

좁은 공간에서는 디테일의 흐름을 Z 모양으로 만들어 주는 것이 화면 안의 시선 이동을 부드럽게 만드는 데 도움이 된다.

빛 추가하기 STEP 05

1_ 빛을 올리기 전에 [Multifly] 레이어를 추가해 오른쪽 색을 그림 전체에 발랐다. 화면 전체에 차가운 그림자가 깔리는 느낌이 든다.

2_ 아치형 프레임 사이로 들어오는 햇살을 지우개로 지우면서 그렸다. 이렇게 사이사이로 들어오는 햇살은 바닥에 밝은 면의 크기로 원근을 넣어야 그림 안의 공간감이 강조된다.

거리가 멀어짐에 따라 새어나오는 햇살의 크기도 줄어야 함.

3_ 그림자 레이어에 투명 영역 잠금을 걸어둔 후
에어브러시로 풀의 색과 햇살의 색을 약하게
섞어 그림자의 톤을 풍부하게 조절했다. 더 강
한 빛이 위에 올라갈 예정이기 때문에 명도가
너무 밝아 그림자의 실루엣이 사라지지 않도
록 조심해야 했다.

4_ 레이어 메뉴의 하단에 있는 [fx] 버튼을 눌러 그림자 레이어에 노란색 [Inner Shadow]를 넣은 후 투명도를 낮췄다.

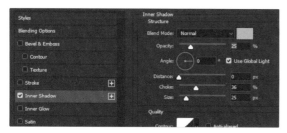

5_ 오른쪽과 같은 색으로 태양의 위치를 정한 후 레
이어를 추가해 사선으로 햇살의 결을 강조했다.

6_ [Photo Filter]를 이용해 전체 색감을 보정했다. [Cooling Filter]를 선택해 한 톤 영역을 제외한 부분은 지워주고 [Warming Filter]를 추가한 후 난톤을 제외한 부분은 지워줌으로써 한난을 강조했다. 색상이 대비돼 그림의 활기가 올라갔다.

강의 노트 그림의 한난 톤을 쉽게 추가하기 2

① 레이어 메뉴 하단 중앙에 있는 원 모양의 버튼 [Create New Fill or Adjustment Layer]를 클릭한다.

② [Photo Filter]를 선택한다.

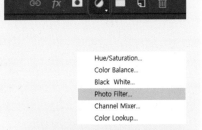

③ 한 톤을 강조하고 싶을 때는 [Cooling Filter]를 선택한다. 하위 레이어의 전체 색을 차가워 보이게 만든다. [Density]의 농도는 조절할 수 있다. 필자는 기본 설정 25%로 작업한다.

④ 한난 톤을 강조하고 싶을 때는 [Warming Filter]를 선택한다. 하위 레이어의 전체 색을 따뜻해 보이게 만들어준다.

7_ 필터로 흐려진 햇살을 다시 그렸다.

8_ 꽃잎이 떨어진 디테일을 올리기 위해 평면에서 꽃잎이 떨어진 텍스처를 그린 후 투시에 맞게 모양을 변형했다.

9_ 꽃잎 레이어의 불투명 영역을 잠금해 햇살이 강하게 닿는 부분을 하얗게 리터치했다.

10_ 레이어를 하나 더 올려 햇살의 노란색 빛과 바다의 푸른색 빛을 더 선명하게 올렸다.

강의 노트

약한 빛이나 원경의 톤을 정리할 때는 [Normal] 레이어로 브러시의 투명도를 약하게 조절해 칠한 후 [Ovelay] 레이어로 리터치하면 색이 튀지 않고 자연스럽게 섞인다.

11_ [Soft Light] 레이어와 [Overlay] 레이어
를 2개 만든 후 번갈아가면서 녹색 또
는 노란색을 칠해 풀과 햇살의 채도를
올리고 빛이 번지는 느낌을 강조했다.

시선 이동 강조하기

1_ 빛을 올리기 전에 [Multifly] 레이어를 추가해 다
음 색을 그림 전체에 발랐다. 화면 전체에 차가
운 그림자가 깔리는 느낌이 든다.

2_ 하단으로 떨어져 내리는 빛의 선을 더욱 강조해
시선을 아래로 유도했다.

3_ 인물과 인물 뒤의 공간을 훨씬 멀어 보이게 할
필요가 있다. [Screen] 레이어로 인물 뒤를 밝
게 날리고 공기를 추가해 거리감을 강조했다.

4_ 포인트의 밀도를 높이고 시선을 모을 수 있는 장치를 추가했다. 필자는 커다란 조화 장식을 추가했다.

강의 노트

안쪽으로 꺾이는 곡선이 달린 장치를 추가하면 유용하다.

5_ 조화를 하나 더 만들어 반대쪽에 대칭되게 넣고, 색상을 조절하는 것으로 원근감을 추가한 후 마름모 모양의 틀 안에 시선을 유도하는 선과 시선이 나가는 것을 막는 장치의 위치를 확인했다. 이 흐름을 중심으로 시선 이동을 강조해야 한다.

6_ 주제의 밀도를 올리기 위해 명암이 분명한 고양이들을 추가했다. 배경이 밝은 면 위에는 어두운 색의 고양이, 그림자 면 위에는 밝은색의 고양이를 올리는 것이 명암 대비를 살리는 데 좋다.

7_ 오른쪽은 반대로 밝은 면 위에는 밝은색의 고양이, 어두운 면 위에는 어두운 색의 고양이를 올려 명암 대비를 약하게 했다. 고양이들의 배치는 바닥면의 디테일의 흐름을 따라 지그재그로 들어가 화면 안에 보는 이의 시선을 최대한 오랫동안 고정시킬 수 있도록 그렸다.

8_ 시선을 유도하는 장치를 추가했으면 시선이 나가는 것을 막는 장치를 추가할 필요성이 있다. 인물들 근처에 창을 띄워 인물 하나하나에 시선 교차를 만들 수 있는 디테일을 추가했다.

1_ 근경의 노란색 고양이가 화면 주제부의 반대쪽 방향을 바라보고 있다. 시선이 오른쪽으로 쉽게 나가는 느낌을 주기 때문에 시선을 안쪽으로 모을 수 있는 액자를 추가했다.

2_ 천장에서 시선이 아래로 내려가는데 명암 대비의 흐름이 너무 약해 전선을 추가했다.

3_ 아치형의 장식들과 바닥의 선과 식물들의 선, 고양이들을 이용해 포인트로 보는 이의 시선을 유도했다.

4_ 포인트 중심으로 마름모꼴의 틀을 만들어 시선이 강조되도록 했다.

5_ 원형 테이블이 그림 아래에 위치해 있어 시선이 쉽게 아래로 나가는 것을 막았다.

6_ 인물 위에 안쪽으로 꺾이는 선들이 있는 조화의 장식을 추가해 시선의 흐름이 나가는 것을 막았다.

1_ 그림자 레이어를 Ctrl을 눌러 활성화한 후 [fx]−[Inner Glow]
로 분홍빛을 추가해 햇살에 투과되는 꽃의 색을 그림 안
에 넣었다.

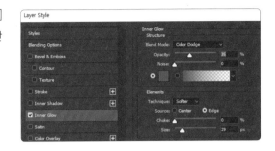

2_ 주제부에 [Overlay] 레이어를 추가해 주황색, 노란색, 녹색,
푸른색 등 여러 색을 옅게 발라 포인트의 채도와 명암 대
비를 강조했다.

3_ 오른쪽은 완성된 이미지다.

4 요정이 춤추는 연못

3점 투시와 보색의 대비로 동적인 분위기를 강조하는 방법, 작업 속도의 효율을 올리기 위해 구성물의 리소스를 변형해 재사용하는 방법, 십자의 장치와 프레임의 축소를 사용해 시선 이동을 만들고 완성도를 높이는 방법을 관찰해보자.

앞 작품들의 아이디어와 색감을 참고해 동화적인 컨셉으로 연잎 호수 안에서 춤추고 있는 작은 요정의 이미지를 그리고자 했다. 과거에 그린 개인작들을 모아 다시 아이디어를 묶고 푸는 것을 반복하는 것도 그림을 공부하기에 좋은 방법이다.

1_ 요정과 연꽃, 호수는 녹색과 분홍색의 대비를 사용해 표현한 후 로 앵글로 하늘을 넓게 보여주고 사이에 열린 길을 보여줘 성장하는 듯한 동적인 느낌을 강조하기로 결정했다.

2_ 아이디어를 참고하기 위한 필자의 예전 그림이다.

3_ 오른쪽은 위에서 따온 팔레트다.

4_ 오른쪽은 참고한 이미지 보드다.

5_ 최소한의 프레임과 주제의 위치, 시선 이동의 방향만 잡은 후 제작에
 들어갔다.

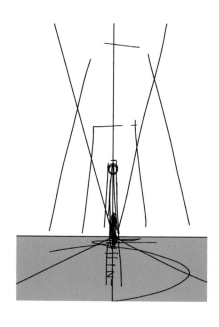

구성물 그리기 – 연잎과 기둥

1_ 구성물을 요약해 그리기 위해 평면에서 일자로 나열된 선들을 그렸다.
 이 프레임은 세로로 축소되는 3점 투시 선의 가이드가 되고, 근경에서
 원경으로 축소되는 기둥 리소스로도 사용할 예정이다.

> **강의 노트**
>
> 높이로 인한 거리감을 염두에 두고, 상단 부분에 미리 공기 원근이
> 들어간 색을 추가했다.

2_ 프레임 전체를 변형해 상단의 한 점으로 모이는 것처
 럼 축소했다. 세로 선에 투시의 원근감이 생겼다.

3_ 앞에서 만든 세로 선을 바탕으로 하단에 기둥과 뿌리의 디테일을 그렸다.

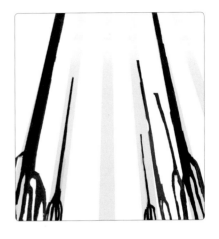

4_ 평면에서 연잎을 그렸다. 대강의 색감과 실루엣만 그린 후 원경으로 축소되는 방향으로 모양을 변형했다.

강의 노트

이 연잎은 상단 나무 형태의 식물에 한 번, 하단 연못 위에 두 번 축소시키면서 원경의 연잎들을 구성하는 것까지 총 세 번 사용했다.

5_ 앞에서 3점 투시의 가이드가 됐던 세로 선의 이미지를 가져온다. 가장 근경에 있는 기둥을 기준으로 가로 선을 눈높이 선 방향으로 축소해 원근을 넣었다.

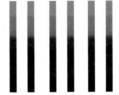

6_ 기둥과 연잎 리소스를 복사한 후 축소시켜 붙여넣기하면서 디테일을 채웠다. 동시에 명도와 채도를 밝게 하면서 색채 원근도 넣었다.

7_ 레이어를 연잎 아래에 새로 추가해 그림 속 위치상 가장 멀고 높은 곳에 우거지는 숲의 풍경을 그렸다. 연잎과 마찬가지로 눈높이 선으로 갈수록 나뭇잎의 덩어리도 줄여가면서 채도와 명도를 조절한다.

8_ 눈높이 선 기준으로 화면을 전체 복사−붙여넣기 후 상하로 반전한다. 수면 위에 비치는 곳을 제외하고 지웠다.

9_ 기존의 연잎보다 명도를 좀 더 밝게 만들어 천장의 높이를 알려주는 큰 연잎을 추가했다.

10_ 근경과 원경의 거리감을 추가하기 위해 공기 원근을 넣었다.

강의 노트

- 작업 창에서 보이는 레이어 전체를 합쳐 복사−붙여넣기하기 위한 단축키 순서는 다음과 같다.
  `Ctrl` + `A`, `Ctrl` + `Shift` + `C`, `Ctrl` + `Shift` + `V`
- 면과 면 사이의 거리를 만드는 가장 쉬운 방법은 공기 원근을 추가하는 것이다.

1_ 어느 정도 연잎 호수의 풍경이 그려졌다. 디테일이 들어가기 전에 프레임의 축소를 사용한 구성이 의도대로 들어가 있는지 점검하고 시선 이동을 확인했다.

2_ 프레임의 축소를 이용해 시선을 집중하는 것을 확인한 이미지다.

3_ 구성물의 축소로 시선 이동을 유도한 것을 확인한 이미지다. 수면의 시선 이동을 도와주는 장치가 없는 것을 확인했다.

4_ 시선 이동을 강조하기 위해 하단부 디테일과 시선의 흐름이 약하기 때문에 위에서 사용했던 연잎의 리소스를 재사용해 근경에서부터 지그재그 방향으로 연잎 리소스를 축소해 깔았다.

5_ 시선 이동을 확인한 이미지다. 눈높이 선의 중앙을 중심으로 시선이 모이는 것을 확인했다.

강의 노트

같은 거리의 연잎 디테일을 추가할 때는 바로 옆에 있는 리소스를 가져와 붙여넣거나 근경에 있는 연잎을 축소해 넣으면 그림의 디테일을 빠르게 올릴 수 있다.

빛이 들어가기 전엔 반드시 어둠을 조절해야 한다. 하늘의 색을 어둡게 칠했다. 이때 하늘의 색은 구성물의 색과 대비되는 보색 계열을 사용해 동적인 분위기를 강조했다.

1_ [Mutifly] 레이어를 추가해 화면 전체에 핑크색~보라색의 어두움을 에어브러시로 올렸다.

2_ 근경의 입체감을 만들기 위해 이미지 보드를 참고해 가까운 위치에 있는 연잎에만 디테일을 추가했다.

> **강의 노트**
>
> 구성물의 거리에 관계없이 모두 같은 디테일을 추가하면 멀리 있는 것도 선명해 보여 원근감이 줄어든다.

3_ 원근을 더욱 강조하기 위해 눈높이 선에 가까운 연잎은 채도를 낮추고 세로 크기를 줄여 눌린 모양을 만든 후 복사-붙여넣기해가면서 양산했다. 뭉쳐서 답답해 보이는 부분들은 투명도를 조절해 바탕의 색과 섞이게 했다.

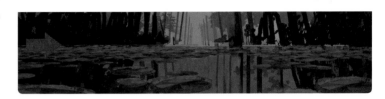

4_ 근경, 중경, 원경의 거리감을 만들 장치가 추가로 필요하다. 다음 리소스를 반전시키거나 이미지 부분을 변형해 근경, 중경, 원경에 추가했다.

5_ 디테일들의 명도가 비슷해 잘 보이지 않기 때문에 거리감을 만들기 위한 장치 뒤에 공기감을 추가해 명암의 차이로 실루엣이 선명해 보이도록 만들었다.

강의 노트

똑같은 종류의 오브젝트를 근경, 중경, 원경에 추가해 놓으면 보는 이에게 거리감을 쉽게 전달할 수 있다.

6_ 전체 분위기를 확인했다.

시선 이동 강조하기

1_ [Soft Light] 레이어를 추가한 후 앞에서 분석한 구성의 프레임 이내에만 디테일을 올린다. 중간중간 빛의 디테일이
들어가면서 명암이 대비돼 그림 안의 분위기가 살아나고 밀도가 올라갔다.

2_ 이미지 보드를 참고해 가운데에 구형의 빛을 그리고, 십자선의 빛을 만든 후 중앙에 춤추는 요정의 실루엣을 그렸다.

강의 노트

① 수평선과 태양의 빛이 겹치는 곳에 요정의 실루엣을 그리는 이유는 이곳이 선과 선이 겹치는 부분이기 때문이다. 선과 선이 겹치는 곳은 시선이 집중되기 때문에 포인트의 위치로 삼기에 좋다.

② 그림의 완성도를 어떻게 높여야 할지 모르는 초보자라면 가장 강조하고 싶은 곳을 중심으로 십자선에 해당하는 곳만 색상 대비와 명암 대비를 강조해 디테일을 올린 후 십자선을 감싸는 프레임을 만드는 방법을 사용한다.

3_ 포인트를 중심으로 감싸는 듯한 빛 입자를 뿌렸다. 어두운 배경 위에 빛의 입자를 뿌리는 것은 가장 간단하게 명암 대비로 그림의 밀도를 올릴 수 있는 방식이다.

강의 노트

너무 많이 뿌리면 그림이 안개처럼 흐려지므로 주의해야 한다.

1_ 그림의 완성도를 더 높이기 위해 포인트의 명암 대비를 강조시킬 수 있는 수면의 빛을 더 강하게 만들어야 했다. 필자는 다음의 텍스처를 [Overlay]로 올려 투명도를 조절한 후 가운뎃부분만 남겨두고 지우고 빛을 덧그렸다.

2_ 날개를 그려 요정 이미지를 강조했다.

3_ 그림의 포인트를 강조하기 위해 주변 이미지를 누를 필요가 있었다. 레이어 전체를 합친 하나의 이미지를 추가한 후 채도를 낮추고 이미지 전체에 [Filter – Blur – Gaussian Blur] 처리를 했다.

4_ 다시 [Gaussian Blur] 처리를 하지 않은 이미지를 가져와 포인트 부분만 복사해 채도를 올리고, 이미지의 레벨을 조절해 포인트 부분의 명암 대비를 강하게 했다.

5_ 지우개를 에어브러시로 바꿔 이미지가 선명해지면서 튀는 가장자리 부분을 지웠다.

강의 노트

주제를 강조하다 보면 그림의 색상과 명암 대비를 더욱 강조하는 방향으로 가게 된다. 그러다 보면 점점 조화 색과 보색
에서 너무 많은 색상을 사용해 초반에 잡았던 계획과 다르게 가거나 원근이 자연스럽지 않은 명암을 만들기 쉽다. 따라
서 주제부가 아닌 영역의 디테일을 낮추는 것으로 주제를 강조하는 법도 익혀야 한다.

6_ 오른쪽은 완성 이미지다.

세상의 끝

이번 예제에서는 인트로에서 설명한 마인드맵과 이미지 보드를 기반으로 아이디어를 연구하는 방법과 사진 리소스를 기반으로 그림의 디테일을 채우는 방법, 이와 관련된 보정법을 확인한다.

마인드맵   **STEP 01**

여행자 하나가 멸망한 세계를 여행 중인, 웅장한 자연 속 고요하면서도 환상적인 그림을 연출하고 싶었다.

① **주제:** 세상의 끝

② **전체적인 분위기:** 고요함, 환상적임

③ **시각적으로 그려야 하는 중요한 구성물들**

멸망한 세계: 유적 수준의 무너진 건물과 섞여 있는 식물들, 노출된 철골과 부서진 콘크리트, 커다란 나무 새, 광원, 무지개, 창문들

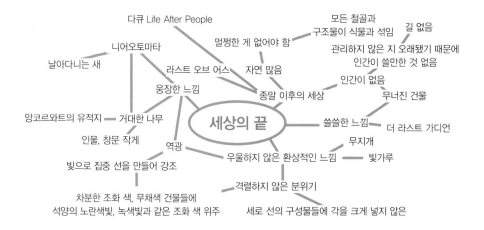

④ **구성물을 효과적으로 보여줄 수 있는 구도와 장치**

웅장한 느낌을 주기 위해 역광과 스케일을 보여
줄 수 있는 나무, 가야할 길을 암시할 수 있는 집
중 선의 방향, 쓸쓸한 느낌을 줄이기 위한 빛 입
자, 동적인 느낌을 강조하기 위해 새가 날아다니
는 그림을 추가했다.

⑤ **어울리는 색감**

멸망한 후 아주 오랜 시간이 지난 세상을 보여주
는 작품들이나 세상에 혼자 남은 설정을 갖고 있
는 작품들의 색을 참고했다. 정적인 느낌을 주기
위해 노랑~녹색, 조화 색에 오래된 느낌을 주기
위해 채도는 낮게 하고, 역광의 명암 대비로 건
물들의 실루엣을 강조했다.

이 파트에서는 그림의 퀄리티를 빠르게 올리기 위해 텍스처 판매 사이트에서 구입한 소스들과 무료 소스, 개인적으로 찍은 사진들, 친구와 여행 중에 찍은 사진 등을 사용하고 구작품에서 그렸던 실루엣이나 이미지를 많이 참고했다.

면으로 공간 채우기

간단한 시안을 시작으로 면으로 실루엣을 만들어가면서 공간감을 정리한 스케치를 했다.

1_ 선으로 공간을 분할한 후 주 구성물들이 위치할 공간을 프레임으로 잡았다.

2_ 주요한 구성물들의 실루엣에 공기 원근을 넣어가면서 추가했다.

강의 노트

라쏘 툴과 그러데이션 툴을 사용했다.

3_ 나무 실루엣의 텍스처를 추가했다. 근경의 나무들은 선, 원경의 나무는 면을 중심으로 추가했다.

강의 노트

① 다음 이미지처럼 마름모의 액자를 넣고, 그 안쪽으로 시선을 모으는 선들을 사용할 예정이다.

② 구성물을 추가할 때는 해당 구성물이 위치하고 있는 면의 명도와 맞춰야 원근이 유지된다.

디테일 스케치 STEP 04

1_ 기본적인 면의 원근이 정리됐으므로 근경에서부터 디테일을 추가한다. 사진 소스를 흑백으로 바꾸고 명암 대비를 강조해 이미지의 명암이 강조되도록 만든 후 무너진 폐허의 느낌이 나도록 리터치했다.

강의 노트

• 리소스를 흑백으로 바꾸기: Ctrl + U → [Saturation]

• 리소스의 명암 대비를 강조하기: Ctrl + L → 화살표 조절

2_ 무너진 건물 리소스에서 가장 밝은 부분을 본래 깔려 있던
명도와 맞춰 원근감을 유지했다.

3_ 다음은 원경에 건물 리소스를 붙여 넣을 차례. 건물의 크기가 작기 때문에 디테일을 표현하는 것은 어려울 것 같아
건물의 장선을 잘 보이게 위치를 잡은 후에 기울여 무너진 느낌을 만들었다.

강의 노트

사용한 사진 리소스는
오른쪽과 같다.

4_ 바닥에 원근을 만들 장치가 필요했기 때문에 랜덤한 모양의 네모 텍스처를 만든 후 형태를 바닥의 투시와 어울리게
변형했다.

5_ 원근을 유지하기 위해 레이어의 불투명 영역에 잠금을 건 후 기존 바닥의 명도를 비슷하게 리터치했다.

6_ 중경에 무너진 건물들의 이미지를 추가한 후 원경의 실루엣을 추가했다.

사진 리소스를 이용한 채색

1_ 원경을 정리했으므로 다시 근경으로 넘어온다. 나무뿌리가 들어 있는 사진 리소스를 가져와 근경의 무너진 건물과 어울리게 모양을 변형한 후 투명도를 조절해 기존의 명도와 조합한다.

강의 노트

사용한 사진 리소스는 오른쪽과 같다.

2_ 역광으로 작업할 것이기 때문에 이 그림에서는 실루엣이 가장 중요하다. 사진 리소스에서 다시 나무의 실루엣이 될 만한 이미지를 가져와 변형한 후 투명도를 조절해 원근을 맞췄다.

강의 노트

디테일에 이질감이 들더라도 나중에 다시 리터치할 예정이기 때문에 지금은 원근을 유지하면서 실루엣의 디테일을 잘 나타내는 것에 집중한다.

3_ 그림 전체에 원경에 황혼과 유사한, 한난 대비가 들어 있는 노을의 색을 깔아준 후 역광을 만들 광원을 추가한다.

강의 노트

사용한 사진 리소스는 오른쪽과 같다.

4_ 배색이 어울리는지 보기 위해 과거에 그렸던 이미지에서 색을 추출해 미리 올려놓고 작업했다. 이 배색 레이어는 작업 중간중간 껐다가 켜면서 작업했다.

5_ 광원의 위치를 잡은 후 레이어를 [Lighten]
으로 바꾸고, 역광이 비치는 나무의 실루엣
을 정리했다.

6_ 멀리 보이는 큰 건물들의 실루엣도 추가로 정리했다.

7_ 사진 리소스에서 스케치를 그린 실루엣과 비슷한 빛과 디테일을 가진 나무 리소스를 가져와 크롭→붙여넣기→모
양 변형→투명도 조절→명도가 튀는 부분은 에어브러시로 지우기의 과정을 거쳐 디테일을 올리는 작업을 계속했다.

8_ 바닥의 밀도를 올리기 위해 타일 텍스처를 가져와 바닥 투시에 맞춘 후 변형하고 명도를 맞췄다.

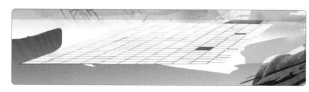

강의 노트

사용한 텍스처는 다음과 같다.

9_ 근경 디테일의 실루엣에 리듬감을 추가하기 위해 철골 텍스처를 가져와 좌우 비대칭으로 배치했다.

강의 노트

철골을 선택한 이유는 근경과 원경 이미지 안에 있는 나무나 건물의 패턴과 겹치지 않기 때문이다.

10_ 전체 이미지를 확인해보니 실루엣의 리듬감이 부족한 것 같아 철골 텍스처를 변형해 기울인 모양을 추가했다.

11_ 근경 바닥의 디테일을 올리기 위해 네모 프레임을 추가해 명도를 맞췄다.

> **강의 노트**
>
> 사용한 사진 리소스는 다음과 같다.
>
>

12_ 연기가 가득한 흑백사진을 그림 안에 [Darken] 레이어로 깔았다. 자연스럽게 공기 원근이 생겨나 밀도가 올라갔다.

> **강의 노트**
>
> 사용한 사진 리소스는 오른쪽과 같다.
>
>

13_ 근경의 명암 대비로 시선을 유도할 부분을 지우고 바닥 타일의 그림자를 덧그렸다.

14_ 오른쪽 프레임이 시선을 ↺자로 모는 것을 방해하고 있기 때문에 철골을 계단 형식으로 만들고, ↺자의 시선 이동을 방해하는 오브젝트들의 디테일을 수정했다.

15_ 전체 색조 만들어줄 사진 리소스를 가져와 [Filter→Blur→Gaussian Blur]로 이미지 전체를 흐리게 만들어 디테일을 지우고 색만 남겼다.

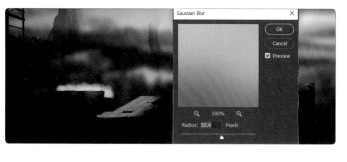

강의 노트

사용한 사진 리소스는 다음과 같다.

16_ 이미지 전체에 올린 후 레이어 속성을 [Hard Light]로 바꾸고, 튀는 색들은 에어브러시 모양의 지우개로 지웠다.

강의 노트

투명도를 48%로 낮췄다.

17_ 근경, 중경, 원경의 원근을 전달해줄 오브젝트들을 넣어야 하기 때문에 사진 리소스에서 나무 텍스처를 크롭해 추가했다.

18_ 근경, 중경, 원경으로 흘러가는 시선 이동에 방해가 되지 않도록 위치를 맞추고 명도를 조절했다.

19_ 근경의 타일위에도 잔디의 텍스처를 넣어 밀도를 올렸다.

20_ 15에서 사용한 광원을 넣었던 사진을 다시 가져와 그림과 같은 광원을 갖고 있는 건물을 크롭한 후 그림에 넣어 디테일을 올렸다.

21_ 오른쪽은 중경의 디테일을 올리기 위해 사진의 투명도를
조절한 후 변형해 중경의 실루엣을 만들었다.

강의 노트

참고한 사진 리소스는 다음과 같다.

디테일 채색 STEP 06

사진으로 만든 색과 명도를 유지하면서 디테일과 시선 이동을 강조하며 완성한다.

1_ 그림의 전체를 확인하면서 디테일을 채울 곳
을 추가로 찾았다.

2_ 근경에 풀 텍스처를 올려 무너진 건물 사이사이에 얼기설기 자라 있는 폐허의 느낌을 살렸다.

3_ 이쯤에서 이미지를 흑백으로 만들어 전체 원근과 실루엣을 확인했다.

4_ 그림의 새 창을 하나 더 띄워 이미지를 작게 보면서 디테일을 올린다.

5_ 가장 큰 나무의 실루엣을 정리했다.

6_ 근경에 원근에 어울리지 않게 색이 튀는 부분들을 정리하고, 주광의 색과 잔디의 색을 섞어 배색을 강조했다.

7_ 풀의 디테일이 너무 튀기 때문에 풀의 명도를 조절하고, 근경의 실루엣을 정리했다.

8_ 다음의 이미지는 그림의 시선 이동에 방해가 되는 디테일로 판단돼 풀을 덮어주는 것으로 시선이 ＜자로 꺾이는 것을 위로 타고 흐르는 방향으로 수정했다.

9_ 디테일은 이와 어울리는 사진 리소스에서 크롭한 후 변형했다.

10_ 사진과 비슷한 텍스처 브러시로 빛과 그림자를 리 터치했다.

11_ 9~10을 원하는 만큼 반복해 디테일을 추가한다.

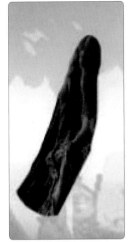

12_ 시선이 모이는 중앙부의 디테일을 지그재그로 계속 위로 나아갈 수 있도록 수정했다.

13_ 광원을 더 강조할 필요가 있기 때문에 원경에 [Darken] 레이어를 올려 원경 명도를 약간 낮췄다.

14_ 빛 텍스처를 화면에 넣고, 투명도를 낮춰 그림의 분위기와 어울리도록 조절했다.

강의 노트

사용한 텍스처는 오른쪽과 같다.

시선 이동 강조하기

1_ 인물을 올릴 차례다. 인물의 위치는 시선이 집
중되기 좋은 곳에 한 명씩 올려 가장 괜찮은
위치를 찾았다.

2_ 최근경에 위치시키는 것이 배경을 강조하면서 그림 안으로 시선을 유
도해 그림과 가장 잘 어울린다고 판단했고, 근처의 밝은 면의 명도보다
약간 밝은색을 올려 옆선을 강조했다.

3_ 그림 안에 환상적인 연출을 하며 시선을 중앙으로 모을 수 있는 무지개 텍스처를 [Screen] 레이어로 추가했다.

4_ 색을 추가하기 위해 역광의 빛을 갖고 있는 사진 리소스를 하나 더 가져와 블렌딩 모드를 [Pin Light]로 바꾼다.

강의 노트

참고한 사진 리소스는 오른쪽과 같다. 투명도는 47%로 낮췄다.

5_ 노란색 느낌만 남도록 필요한 색 이외의 부분은 지우고, 광원의 태양 이미지는 새로 그려 올렸다.

6_ 그림의 스케일감을 키우기 위해 인물의 크기를 줄였다.

7_ 새를 넣어 동적인 느낌을 추가했다.

강의 노트

그림 안의 동적인 느낌은 3점 투시 강조, 색상 대비 추가, 선을 이용해 시선 이동을 훨씬 빠르게 만드는 방법을 사용한다.

1_ 이미지 뒤쪽에 공기의 입자를 넣어 원경을 더 멀어 보이
  게 만들었다.

2_ 그림 안의 디테일들을 부분부분 오려 복사–붙여넣기–변
  형–투명도 조절–리터치하는 방식으로 리듬감을 키웠다.

3_ 사진 텍스처와 그림 사이의 이질감을 줄이기 위해 사진 텍스처의 디테일을 참고해 다른 부분도 이와 비슷한 디테일을 넣었다.

4_ 나무의 뿌리도 복사-붙여넣기-변형-투명도 조절-리터치하는 방식으로 중경의 디테일을 올렸다.

5_ 이 오려낸 뿌리 이미지가 위치할 곳은 노란 배색의 위치기 때문에 Ctrl+U를 누른 후 색상을 조절해 배색을 맞춰주고 리터치했다.

6_ 무지개의 반원 라인을 강조할 수 있도록 뿌리 이미지를 한 번 더 복사-붙여넣기-변형-투명도 조절-리터치하는 과정을 거쳐 디테일을 올렸다.

7_ 근경에서 안쪽으로 시선을 모으는 디테일이 필요했다. 철골 리소스를 다시 가져와 시선이 안쪽 방향(←)으로 흐를 수 있도록 모양을 만들었다.

8_ 역광의 그림이기 때문에 새로 올린 철골 부분의 디테일이 잘 보이면 포인트처럼 보여 어색해질 것이다. 명도를 조절한 후 새어나온 빛이 닿는 느낌으로 빛을 약하게 올려 시선을 유도하는 역할만 하도록 했다.

9_ 인물 뒤에도 철골을 추가해 십자선의 교차를 만들어 밀도를 올림으로써 시선을 안쪽으로 유도했다.

10_ 약하게 안개가 흐르는 디테일을 추가해 고요한 분위기를 강조했다.

11_ 시선을 보다 분명하게 유도하기 위해 빛의 선을 추가하기로 했다. 에어브러시를 이용해 직선으로 그린 빛 레이어의 모양을 변형해 광원 방향으로 모았다.

12_ 투명도를 조절하고 시선 이동을 방해하는 부분들을 지웠다.

13_ 빛 입자를 추가하기 위해 브러시를 찍어 텍스처를 만들었다.

14_ 빛 입자를 어두운 곳 위에 아주 약하게 올려 고요한 느낌을 유지하면서 밀도를 올리는 방식으로 작품을 완성했다.

유물 보관소

공중 정원의 다음 단계처럼 보이는 실내 공간을 만들기로 했다. 3점 투시의 하이 앵글로 작업했다. 시선이 가장 모여야 하는 곳은 캐릭터가 들어오는 문의 입구다. 여기서는 아이디어를 그림에 표현하는 과정과 디테일을 올리는 과정에서 어떤 부분을 확인하고 수정해 완성도를 올리는지를 상세하게 설명한다.

게임이라면 유저가 필드에 들어섰을 때 추가적인 텍스트를 붙이지 않아도 이미지의 정보만으로 이 곳이 어떤 곳이고, 어떤 역할을 하고, 어떤 것이 가능할 것 같은 장소인지를 이해할 수 있어야 한다. 이미지를 어떻게 시각화할지 깊이 있게 연구하지 않는다면 그 아이디어는 보는 이에게 전달되지 않고, 그리는 이의 머릿속에 느낌으로만 남게 된다.

① 보행 캐릭터가 걸어올라올 수는 있지만, 스테미너와 시간이 많이 들고, 레벨이 높아 특수한 스킬 이나 아이템을 사용하거나 펫을 데리고 있는 캐릭터가 가서 정기적으로 다시 생성되는 특별한 유물 아이템을 획득할 수 있는 장소다.

② 거대한 나무 1 위에 스테인드글라스로 장식된 수정 모양의 건물로, 나선형 계단이 감싸고 있는 다양한 식생이 모여 자란 나무 2를 중심으로 빛이 번지는 느낌을 아름답게 그리고 싶었다.

③ 공중 정원의 다음 버전과 같은 컨셉으로 공중 정원에서 방치돼 있는 것보다 고급스러운 문양의 사각 박스(유물)들을 넣어 같은 세계관임을 암시해준다. 판타지 속성을 강조한 구성물이 들어 갈 필요가 있다.

④ 캐릭터가 사용하는 공간이다.

⑤ 다음 이미지들과 같은 세계관을 공유한다는 것을 보여줘야 한다.

① **주제**: 유물 보관소(거대한 나무와 연결된)

② **전체적인 분위기**: 비밀스러움, 환상적

③ **시각적으로 그려야 하는 중요한 구성물들**: 나무, 큐브, 계단, 인공적인 유리 장식, 테이블, 의자, 빛, 여러 식생

④ **구성물을 효과적으로 보여줄 수 있는 구도와 장치**

- 은밀하고 환상적인 느낌: 어둠 영역을 다수 배치하고 빛 안에 여러 개의 색조를 은은하게 추가

- 구성물들의 배치를 확인하기 위해 바닥이 많이 보여져야 함(하이 앵글).

- 마법적인 효과가 적용된 오브젝트: 바닥이 없어도 물이 고여 있는 것처럼 하늘이 비치는 연못, 중앙의 나무는 유물들의 힘에 의해 다양한 식생이 넝쿨처럼 한데 모여 자라 있다(스토리텔링적인 것까지 고려한다면 보관소 바깥에서는 환경에 어울리는 식물들만 살기 때문에 보기 힘든 광경이라는 설정이다. 유물이 모두 파괴돼 연못이 사라지고 죽은 식물만 가득한 컨셉으로 분위기를 반전시킨 것도 염두에 둠).

⑤ **어울리는 색감**

스테인드글라스를 이용해 최대한 다양한 색을 분산해 환상적인 느낌을 강조한다. 하지만 색을 많이 사용해 그림이 산만해 보일 수 있으므로 색상의 영역을 구분하고 대비가 큰 색 사이에는 저채도로 풀어준다. 어두운 영역은 파란색/보라색 계열로만 구성한다.

중요도가 높고 스케일이 큰 작업일수록 시안을 여러 장 작업해 분위기를 확인한다.

1_ 작은 흑백 그림으로 몇 개의 시안을 미리 그려보고 작업
에 들어갔다.

2_ 가로를 넓게 그려 실내 공간을 강조하기 위해 최종 결
정된 시안이다.

3_ 투시에 맞춰 들어갈 공간을 러프하게 그린다.

공중 정원의 녹색 배색에 핑크빛을 추가해 다른 장소라는 느낌을 주고 싶었다.

1_ 근경에서 안쪽으로 시선을 모을 수 있는 장치로 다리
　를 먼저 그렸다.

2_ 체스 보드 모양의 타일을 투시에 맞춰 깔았다.

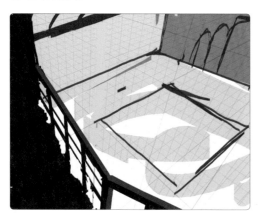

3_ 유물의 탑들과 가운데 파여 있는 입구의 그림자를 바닥 타일을 이용해 그렸다.

4_ 중앙에 나무 실루엣을 그리고 양옆에 스테인드글라스 장식을 채웠다.

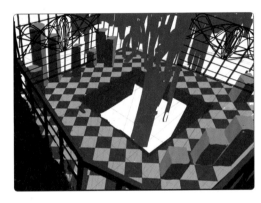

강의 노트

문양은 절반만 그린 후 복사−붙여넣기해 사용하면 그리기 쉽다.

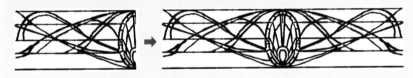

5_ 리소스의 위치를 만든 후 원경의 하늘과 구름을 깐다. 입구가 주제인 그림이기 때문에 명암 대비를 염두에 두고 흰색 구름이 중앙에 위치하도록 그렸다.

6_ 그림의 밀도가 한쪽으로 치우치는 것을 방지하기 위해 그림을 반전한 후 나무의 입체와 중앙의 밀도를 강조하기 위한 디테일을 그렸다.

7_ 마법적인 효과가 적용돼 바닥이 없어도 물이 고여 있는 것처럼 하늘이 비치는 연못을 중앙에 투시를 적용해 그렸다.

8_ 레이어의 [fx] 버튼으로 [Stroke]를 설정한 후 식물의 바닥 밀도를 잡아줄 덩굴뿌리를 그렸다.

9_ 덩굴의 명암을 두 가지 톤으로 나눠 디테일을 올렸다.

10_ 구성물들의 구체적인 실루엣들이 나왔으므로 이제 빛을 올려가면서 디테일을 올려야 한다. 주광의 위치를 설정한 후 측광의 빛색을 깔아 주고 나무와 나무 뒤 구성물들의 거리감을 만들었다.

11_ 연못을 감싸고 있는 타일의 디테일을 올렸다. 타일의 선들은 중앙으로 몰리도록 디자인했다.

12_ 조색한 색을 바탕으로 꽃이 들어갈 위치를 색으로 잡아 줬다.

13_ 나무 기둥의 하단부에 멀어진다는 느낌을 주기 위해 하늘의 색으로 원근을 넣고, 타일의 색을 조절해 빛을 강조했다.

14_ 빛이 강한 타일 부분에 빛이 들어오는 반대편 방향으로 그
림자를 추가해 타일의 입체감을 만들었다.

15_ 그림을 다시 반전한 후 근경 계단의 명암을 어둡게 처리
해 그림자의 명암으로 원근을 강조했다.

16_ 빛을 강조하기 위해 그림 전체에 푸른색을 [Multifly]로
깔았다.

17_ 빛이 닿는 부분을 지웠다.

1_ 근경에서 원경으로 멀어지는 선을 강조하기
위해 사각의 쟁반을 들고 있는 인물을 그린 후
의자와 테이블을 넣었다.

2_ 나뭇잎의 투과도를 나타내면서 색감을 풍부하게 만들기 위
해 빛이 번지는 느낌을 추가했다.

강의 노트

• 다음 이미지를 [Overlay]로 올렸다.

• 필자가 의도한 포인트의 위치와 시선을 유도하는 선
이다. 시선이 나가는 것을 막는 장치는 다음과 같다.

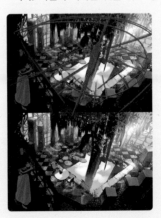

3_ 기존에 그렸던 의자와 테이블의 디자인이 고급스럽지 않은
느낌이 들어 좀 더 안락해 보이는 소파와 빛의 명암 대비로
근경을 강조할 수 있는 유리 테이블로 바꿨다.

4_ 중앙 나무에 명암 대비와 색채 대비를 고려해가
면서 디테일을 추가했다.

5_ 중앙에 나선형의 계단을 추가해가면서 그림 안의 시선이 중
앙으로 몰리도록 디테일을 조절했다.

6_ 유물의 배치가 바닥의 타일과 일치해 패턴이 단조로운 느낌이 들었다. 지그재그로 틀어 리듬감을 강조한 후 빛이 닿는 면을 이용해 명암의 차이를 줘 디테일이 나타나도록 수정했다.

7_ 테이블에 문양을 추가했다.

8_ 근경의 잔디를 추가하고, 바닥에서 시작하는 선이 나무 안에서 지그재그 모양을 타고 올라가 다시 내려오는 시선의 이동을 강조하는 디테일을 추가했다.

9_ 그림 전체에 파란색을 다시 추가하고 유리 사이로 투과하는 빛과 그림자를 강조하기 위해 흰색 타일이 들어간 그림을 투시에 맞춰 넣는다.

강의 노트

모양을 변형한 후 레이어 속성을 [Overlay]로 추가하고, 벽면 유리 빛 레이어, 바닥 빛 레이어로 나눠 추가했다.

10_ 그림의 세로 선을 강조해 좀 더 광각적인 느낌을 주고 싶었기 때문에 레이어 전체를 선택한 후 그림의 양끝 프레임을 아래로 좀 더 모았다.

11_ 그림 하단을 축소하면서 생긴 여백을 채워 그렸다.

12_ 색도 좀 더 신비한 느낌을 강조하기 위해 그림을 보정해가면서 컬러 시안을 몇 개 뽑아 고민해봤다.

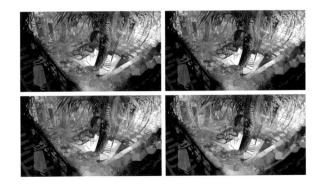

13_ 명암이 좀 더 선명하고 보라색, 푸른색, 핑크색이 강조된 그림이 신비한 느낌을 연출하는 데 어울리는 것 같아 다음 시안에서는 그림의 색을 수정하기로 결정했다.

14_ 색을 새로 올려 색상 대비를 추가하기 위해 그림 전체의 채도를 낮췄다.

15_ [PhotoFilter-Cooling Filter]를 추가해 그림 전체에 푸른 기운이 감돌도록 수정했다.

16_ 측광을 염두에 두고, 빛이 닿는 부분에 [Normal]로 핑크색~보라색의 색을 추가했다.

1_ 전체 톤을 보정했으므로 이제 다시 디테일을 올려줘야 한
다. 그림 양옆에 위치한 유물들의 디테일을 올렸다.

강의 노트

에어브러시로 간단하게 명암을 그린 후 노멀 브러시로
문양을 그리고 레이어 창 하단의 [fx–Drop Shadow] 기
능을 이용해 문양의 음각을 만들었다.

2_ 낡은 느낌을 만들기 위해 질감이 있는 브러시를 이용
해 디테일을 추가했다.

3_ 복사–붙여넣기를 이용해 같은 디테일을 양산했다.

4_ 나뭇잎 안쪽으로 꺾이는 부분에 빛의 색을 좀 더 추가해 색
상 대비를 만들었다.

5_ 나무 그림자 부분에 빛나는 열
매 디자인을 추가했다.

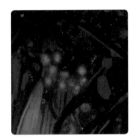

강의 노트

이 열매 이미지를 나중에 양산해 주광의 디테일을 다르게 해가면서 나무의 상단을 꾸며줄 예정이다.

6_ 나무 기둥 디테일을 추가했다.

7_ 바닥의 식물에 닿는 빛을 좀 더 섬세하게 묘사했다.

8_ 그림에 판타지적인 느낌을 추가하기 위해 나무에 문양을 그리고, 좌측 여성의 의상을 달리하고 오른쪽에 시선을 중앙으로 유도하는 인물들을 추가했다.

강의 노트

그림의 디테일을 올리면서 명암 대비가 분산됨에 따라 시선 이동이 마음에 들지 않고 공중 정원과의 연관성이 없다고 생각돼 좌측 여성과 나무의 문양은 디테일을 올리면서 삭제했다.

9_ 오른쪽의 작은 인물들은 유물의 문양과 함께 디테일을 올렸다.

강의 노트

인물의 그림자와 지팡이가 모서리로 빠지는 시선을 안쪽으로 다시 보내주는 역할을 한다.

10_ 그림자 부분은 색상의 차이
가 크지 않은 부분이기 때문
에 반대편 유물에서 그림을
오려 붙여넣기해 꾸몄다.

11_ 투명도를 조절하고 에어브러시 모양
의 지우개를 이용해 색과 원근을 조
절했다.

12_ 시선을 아래에서 위쪽으로 올려주는
장치를 강조하기 위해 계단의 디테일
을 추가했다.

13_ 테이블의 유리는 빛이 투과되는 재질이기 때문에 아래
에 주광의 위치와 반대 방향으로 투과된 빛의 실루엣을
추가했다.

안내선을 참고로 한 수정

1_ 이때부터 그림의 디테일이 올라갈수록 산만해지고, 시선 이동이 필자의 의도대로 유도되지 않아 안내선을 참고했다.

2_ 황금 비율의 그리드를 올린 후 그 안의 선과 곡선을 이용해 그림 안에 필자에게 필요한 프레임과 시선을 유도하는 선들을 분석했다.

강의 노트

채색 단계에서 안내선을 이용해 그림을 수정할 때는 안내선이 위치하는 구성물의 디테일을 명암 대비나 색상 대비(보색 대비, 한난 대비)를 이용해 강조하거나 약하게 하고, 안내선들이 만드는 면의 디테일을 명암 대비나 색상 대비(보색 대비, 한난 대비)를 이용해 강조하거나 약하게 해야 한다.

3_ <자 선의 안쪽에 명암 대비를 추가했다.

4_ 선 위치에 해당하는 디테일의 명암 대비를 강조했다.

5_ 색을 칠한 영역은 모두 어둡게 눌러 그림 안쪽의
색을 돋보이게 만들었다.

6_ 이제 안내선을 껐다 켜가면서 디테일을 올린다.
＜자로 꺾이는 선을 강조하기 위해 뒤편 유물에
명암 대비를 추가했다.

7_ 중앙의 디테일을 강조하기 위해 나뭇잎 사이로
들어오는 역광의 빛을 강조했다.

8_ ＞자로 꺾이는 부분은 빛과 그림자의 경계선에 색상 대비를
추가했다.

9_ 나무와 연못에 구성물을 추가하면서 밀도를 계속 올렸다.

10_ 디테일을 추가하기 위해 다
음 리소스를 그린 후 모양과
색을 변형해가면서 나무 안
에 추가했다.

11_ 다양한 식생이 한데 모여 자란 컨셉의 나무 이기 때문에 나뭇잎 모양은 여러 개가 필 요했다. 면이 꺾이는 부분에 따라 색을 추 가했다.

12_ 이 리소스는 나뭇잎 사이에 들어오는 빛을 그려주기 위해 얼기설기 섞인 디자인으로 제작했다.

13_ 복사−붙여넣기를 이용해 가늘고 긴 실루엣을 추가하고 나뭇잎의 그림자를 남긴 후에 지웠다.

14_ 그 위로 어두운 나뭇잎을 올려 명암 대비의 디테일을 만
들었다.

15_ 동그란 열매 이미지를 복사-붙여넣기한 후 아래에서 반
사되는 주광의 빛을 달리해가면서 디테일을 추가했다.

16_ 가이드를 사용해 수정한 전후 그림이다. 그림이 많이 심심해졌다. 시선 이동을 재정비해야 한다.

1_ 그림 안의 완성도를 높이기 위해 포인트와 포인트를 가로지르는 십자선의 위치를 확인한 후 시선 이동을 다시 분석했다.

2_ 계단 위에 아치를 올리고, 계단 위 빛을 올리면서 흰색 식물을 추가로 그려 명암 대비를 강조했다.

3_ 붉은 열매를 더 추가해 녹색과 붉은색의 대비를 강조했다.

4_ 원경의 디테일을 정리했다.

5_ 그 위에 마름모의 프레임을 만들 선을 추가했다.

6_ 시선을 아래로 내린 식물의 선도 추가했다.

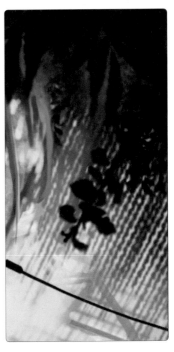

7_ 스테인드글라스에 텍스처를 올려 디테일을 정리한 후 붉은
색 꽃봉오리를 올려 주변 녹색과 대비시킴으로써 보색 대
비를 추가했다.

8_ 중앙 연못에 다양한 색의 꽃을 올려 밀도를 올렸다.

9_ 디테일을 올리며 지워졌던 스케치의 스테인드글라스 선을 다시 추가했다.

10_ 스테인드글라스의 유리색을 다르게 해 핑크색→하늘색 의 한난 대비를 만들고, 명암 대비는 위에서 아래로 어두 움→밝음으로 흐르도록 배치했다.

11_ 연못에 물 텍스처를 올리고 꽃에 그림자를 넣어 명암 대 비를 만들면서 중앙의 밀도를 올려나갔다.

12_ 스테인드글라스의 아래쪽에 자라는 풀의 실루엣을 잡아
줬다.

13_ 풀의 색을 조절한 후 작은 식물들을 복사–붙여넣
기–모양 변형으로 타일 사이에 양산해가며 채웠다.

14_ 나뭇잎 위에 [Multifly] 레이어를 추가한 후 타일과 나
뭇잎의 경계선을 강조해 디테일을 올렸다.

15_ 빛의 방향 선을 그어 중앙으로 시선을
유도했다.

16_ 햇살의 색을 강조하기 위해 [PhotoFilter–Yellow] 레이어를 추가하고, 그림자 영역은 지웠다.

1_ 디테일을 올리면서 스테인드글
라스와 계단의 투시가 자연스럽
지 않은 것을 확인했다. 초반 계
획을 수정할 때 광각을 추가하면
서 투시가 어긋난 것 같았다. 그
림 안의 장선을 연장해 투시 선을
확인했다.

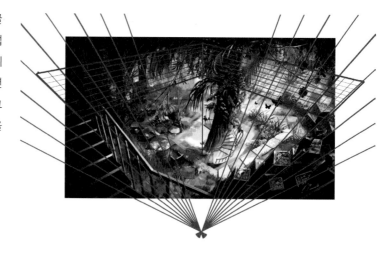

2_ 가로, 세로 선이 분명한 디테일만
수정하면 된다. 확인한 투시 선의
위치에 맞춰 스테인드글라스와 유
물의 디테일을 투시에 맞춰 수정
했다.

3_ 왼쪽 계단의 세로 선들이 투시와는 다르게 올라가 있었
다. 또한 투시에 맞춰 수정하더라도 구성에 좋은 모양이
나올 것 같지 않았고, 주제보다 명암 대비와 밀도가 선
명해 시선을 분산시키는 효과를 내고 있었다.

4_ 계단을 지운 후 잔디로 채웠다. 주제를
위, 아래로 감싸주는 선만 남아 보기에
더 편리해졌다.

완성도 높이기

1_ 잔디에 타일의 양감을 표시하고, 색상은 조화 색 기반으로
약한 명암 대비를 구석구석에 만들어주면서 바닥에 리듬감
을 추가했다.

2_ 시선을 바닥에서 위로 올려주는 역할의 선은 유물들을 주제
를 감싸는 배치로 추가한 후 < 모양으로 바닥의 선과 이어
지도록 하단에만 빛을 추가했다.

3_ 바닥에서 나무 사이로 새어들어오는 빛을 추가해 디테일
을 올렸다.

4_ 연못에는 이미지 보드의 연잎을 참고해 주황색 연잎의 테두리를 그려 디테일을 올렸다.

5_ 빛과 어둠의 한난 대비를 강조하기 위해 중앙에 푸른색으로 [Multifly] 레이어를 추가해 그림자 영역을 칠했다.

6_ 원근을 살리기 위해 뒤쪽의 그림자는 좀 더 채도와 명도가 낮은 푸른색으로 바꿨다.

7_ 그림을 흑백으로 바꿔 원근과 밀도가 시선을 유도하는 곳 외에 강하게 들어간 곳이 있는 지 확인했다.

8_ 창문의 빛을 좀 더 분명하게 표시해 마무리하기 위해 스테인드글라스 창 틀의 소실점에 맞춰 투시 선을 그어 그림자 선을 찾았다.

9_ 그림자 선의 추가해 색을 조절한 후 레이어 속성을 [Multifly]로 바꾸고, [Filter-Gaussian Blur]를 적용했다.

10_ 투명도를 낮춰 아주 약하게 그림자
선이 남도록 조절하고, 명도가 가산
돼 그림자 선이 너무 선명해진 부분
은 지웠다.

11_ 오른쪽 위에서 시선을 주제 부분으로 강하게 모으는 장식물을 하나
더 추가했다.

12_ 장식물 내부를 노란 스테인드글라스로 채운 후 주변에 노
란색 빛을 부분부분 부드럽게 넣었다.

13_ 나무를 중심으로 원경을 포함해 ◇ 모양의 안쪽으로 명암 대비와 색상 대비를 추가로 올리고, 밀도를 올려 시선이 더 집중되도록 만들었다.

14_ 빛을 강조하기 위해 위에서 만들었던 창틀의 그림자 선을 참고해 레이어를 [Color Dodge]로 올리고, 희게 칠해 명암 대비를 추가했다.

15_ 좌측 그림자 영역 안쪽 유물들은 뒤쪽에 공기 원근을 넣어 바닥면과 유물 상단의 면을 구분했다.

16_ 긴 나뭇잎들에 시선을 안쪽으로 모아주는 선
을 얇게 추가했다.

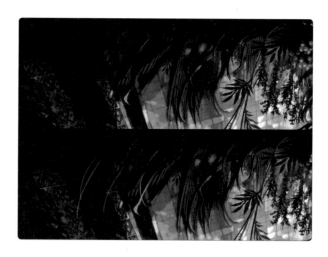

17_ 연못의 색을 추가해 중앙의 색상 대비를 더 강조하고, 나비의 색을 공중 정원에 있는 흰색 나비처럼 수정한 후 주제
를 둥글게 감싸는 방식으로 배치해 완성했다.

앞에서 완성한 이미지를 게임 구조물의 내부를 설명하는 데 사용하려면 개발자들끼리 같은 아이디어를 공유하기 위해 추가 설명이 들어간 시트를 만들어 전달해야 한다. 다음 단계의 이미지처럼 개발 단계에서 타인에게 컨셉을 이해시키는 데 도움이 되기 위해서는 외관의 구조적인 설명을 포함해 최대한 디테일한 내용을 담는 것이 좋다.

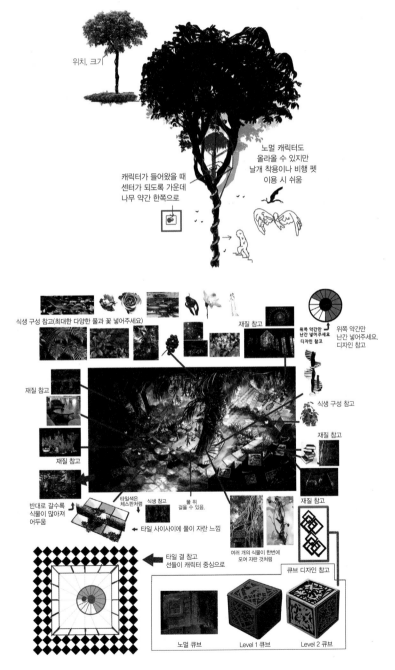

P   A   R   T   0   8

BACKGROUND IMAGE

필자의 학생 시절, 성취감을 느끼는 데 많은 도움을 얻었던 부분은 작업물을 직접 피드백받는 과정이었다. 많은 학생이 그림의 완성도를 올리는 데 어려워하는 부분들은 대개 비슷하다. 이 책을 읽는 분들에게도 도움이 되길 바라는 마음으로 학생들의 허락을 얻어 수정 전 후의 이미지와 필자가 제시한 해결법을 정리해 부록으로 담았다.

08

부록

1

학생 작업물 수정

강의 중에 수정한 학생들의 그림이다. 수정 전후를 확인하고 그림의 부족한 부분을 보완하기 위해 어떤 디테일을 확인했는지 살펴보자.

학생 A
STEP 01

상공에서 내려다보는 도시를 그리고 싶어 했지만, 도시의 구성물과 도시를 보여주기에 적합한 포인트를 찾지 못했다.

|1| 수정 사항

① 상공에서 바라보는 도시는 근경, 중경, 원경의 표현이 확실해야 공간감이 잘 느껴진다.

② 원경에 비슷한 실루엣을 가진 작은 도시의 디테일을 보여줌으로써 거리감을 전달했다.

③ 근경의 큰 빌딩에 창문의 디테일과 하단의 가로수들을 추가해 근경을 강조했다.

④ 중경은 낮은 건물과 평평한 길로 구성해 근경과 명확히 구분함으로써 입체감을 강조했다.

⑤ 명암 대비와 밀도를 지그재그로 배치했다.

|2| 결과물

|3| 여러 빛을 이용해 주제를 강조한 예시

1_ 일출 빛 연출 – 햇살로 집중 선 만들어 도시 원경에 포인트를 잡았다.

2_ 일몰 빛 연출 – 근경에 만든 건물 그림자들의 명암 대비로 포인트를 잡았다.

3_ 심야의 연출–심야의 도시는 길이 가장 밝기 때문에 길 위주로 명암 대비를 만들어 포인트를 잡았다.

사진의 명도를 해석해 원근을 내는 것은 자연스러웠지만, 이미지 안에 지그재그로 시선 이동을 배치하는 것과 주제를 강조하는 것을 어려워했다.

|1| 수정 사항

① 공간을 근경, 중경, 원경으로 나눠 명암 차이로 원근을 강조했다.

② 풀과 바위를 이용해 공간을 리듬감 있게 배치했다.

③ 눈의 반사되는 결을 이용해 시선을 지그재그로 이동시켰다.

④ 위에서 내려오는 나뭇잎을 추가해 시선을 아래로 내렸다.

⑤ 지그재그의 길 위 나무로 사각형의 프레임이 구성된 위치에 포인트를 넣어주고, 그 주위의 명암 대비를 강조했다.

|2| 결과물

|3| 주제를 강조해주는 선 만들기

① 바닥을 낮추고 나무의 길이를 키워 빛의 보조 장치와 선이 들어갈 수 있는 영역을 만들었다.

② 근경에서 포인트 방향을 바라보는 인물을 추가했다.

③ 포인트 방향으로 향하는 빛을 추가해 근경의 인물과 주제, 빛의 선으로 삼각형의 프레임을 구성했다.

넓은 공원에 나무가 배치된 풍경을 그리고 싶어 했지만, 주제를 강조하는 것을 어려워했다.

|1| 수정 사항

① 공원과 어울리지 않는 보석 장식물 대신 풀과 꽃을 올려 환경 광으로 색상 대비를 추가했다.

② 포인트가 되는 나무에 명암 대비 색상 대비를 추가했다.

③ 나무 기둥과 나뭇잎에 리듬감을 추가했다.

④ 수평선을 낮춰 그림을 비대칭으로 만들고, 수평선 라인에 리듬감을 추가했다.

⑤ 하늘의 색을 짙게 만들어준 후 구름을 올려 시선을 아래로 내리는 장치를 추가했다.

⑥ 나뭇가지와 뿌리의 굵기, 바위의 크기, 잔디의 크기에 투시를 넣어 공간감을 강조했다.

|2| 결과물

햇살이 비치는 숲 사이에 풍성한 꽃으로 장식된 오두막을 그리고 싶어 했지만, 빛과 색을 다양하게 쓰는 것을 어려워했다.

|1| 수정 사항

① 햇살의 색과 나무의 색, 하늘의 색, 그림자의 색으로 한난 대비를 강조했다.

② 원경의 나무 디테일을 부드러운 브러시로 경계선을 흐리게 처리, 공기 원근을 추가했다.

③ 바닥면 근경과 원경에 잔디의 명암 대비로 점차 좁혀지는 선을 만들어 원근을 강조했다.

④ 근경에 다양한 꽃과 넝쿨을 그려 시선을 아래에서 위로, 위에서 아래로 만들었다.

⑤ 꽃과 풀, 하늘의 빛으로 만들어진 환경 색을 추가했다.

⑥ 유리창에 선명한 명암 대비와 색의 차이를 넣어 주제물을 강조했다.

|2| 결과물

무성한 나뭇가지 사이로 비치는 따뜻한 햇살 아래 한가로운 분위기를 그리고 싶어 했지만, 빛을 그리는 것을 어려워했다.

|1| 수정 사항

① 빛을 그리기 위해서는 그림자가 많아야 한다. 그림자의 면적을 넓힌 후, 풍성한 나뭇잎을 가진 나무로 덮고 공기 원근을 추가했다.

② 따뜻한 분위기를 내기 위해 노란색 빛을 사선으로 추가했다.

③ 근경의 그림자 사이에 비치는 햇살의 실루엣과 그림자 사이에 비추는 햇살 실루엣에 차이를 줘 바닥면에 원근을 강조했다.

④ 나무의 선들이 주제물을 강조할 수 있도록 일자에서 주제물 방향으로 휘도록 수정했다.

⑤ 명암 대비를 만들 수 있는 고양이의 몸과 꼬리 선을 인물을 강조할 수 있는 반원 형태로 수정해 인물을 강조했다.

⑥ 의자의 색을 어두운 색으로 바꾸고, 뒤에 햇살이 비추도록 그려주는 것으로 주제 명암 대비를 강조했다.

|2| 결과물

찾아보기